出会い系サイトで70人と実際に会ってその人に合いそうな本をすすめまくった1年間のこと

花田菜々子

kawade bunko

河出書房新社

出会い系サイトで70人と実際に会って
その人に合いそうな本を
すすめまくった1年間のこと

目　次

出会い系サイトで70人と実際に会って
その人に合いそうな本を
すすめまくった1年間のこと

プロローグ

2013年1月、どん底の夜0時

2013年1月のある夜。

私は横浜郊外のファミレスでひとり、2時が来るのをうつろな気持ちで待っていた。こんなときは本を開く気にもなれなかった。とりあえずの着替えと生活用品をスーツケースに詰めて職場に持ち込み、家のない生活を始めてから1週間になる。

今日は近くのスーパー銭湯を宿にするつもりだが、その施設は宿としては不便な点があって、6時間以上の滞在は延長料がかかる。宿泊費を3千円に収めたいなら夜中2時以降にチェックインするしかない。毎日の宿泊場所を選ぶ理由は「たくさん寝たいのか、洗濯をする必要がある日なのか、少しでも安くしたいのか」のどれを優先するかによって決まり、その日次第で簡易宿泊所やスーパー銭湯やカプセルホテルを使い分けていた。

けれど、毎日毎日夕方になって「そろそろ今日の寝場所を探さないと……」と考えなければいけない生活は疲れたし、何千円ものお金が毎日宿泊費に消えていくのも精神的に負担だった。こんなことをいつまで続けるつもりなのか。

「もう何事もなかったようにいっしょに住むことはできない。明日からここには帰ってこないから」

1週間前、そう言って夫と2人で住んでいたマンションを出てきた。行く当てはなかったし、その後どうするとか、自分が出て行ったら気持ちを入れ替えてくれるはずだ、みたいな計算も何もなかった。

冷めきったコーヒーをすすりながらのろのろと考える。こんなすさんだ生活を続けていても、気が済んで家に帰ろうという境地にはまったく至らない。多分もう戻らないなと思った。

家を探そう。一人暮らしして、生活を立て直そう。

結婚生活がだめになったかわいそうな人、ってまわりから思われるだろうか。それも嫌だが、自分自身までそのセルフイメージに取り込まれてしまったら、それが暗示となってさらにどんどん自分で自分を落ち込ませてしまいそうだ。自分で自分をかわいそうと思うような人生を生きるのは嫌だ。

でも、そうは言っても……。今まで休日はずっと夫と2人で過ごしてきたから、ひとりになったら、たとえば空いてる時間は何をしたらいいのかも思いつかなかった。

私は「ヴィレッジヴァンガード」という、本と雑貨を売るチェーン店で店長をしていた。仕事柄か、趣味といっても読書か本屋めぐりぐらいしかないし、休日のたびにいっしょに過ごしてくれる友達なんてもちろんいるはずがない。

なんて狭い人生だろう。自分には何もないんだ。

狭い人生……。

もっと知らない世界を知りたい。

広い世界に出て、新しい自分になって、元気になりたい。

心をひたすらに摩耗《まもう》していく宿無し生活は、やはりそれほど長くは続かなかった。ほどなくして夫と話し合い、今の住まいは解約して、それぞれが新しい場所へ引っ越そうということに決まった。夫は私よりも先に家を去り、私は職場からも近い横浜駅から徒歩10分の都会の外れに、狭いマンションを借りた。

結婚したときに買った大きすぎる冷蔵庫が、一人暮らし用の狭いキッチンを圧迫した。窓の外はなじみのない景色だけれど、それにはしゃげるほど心は回復していなかった。ただただたくさんの車が、目の前の大通りを過ぎていく。その様子をぼんやりといつまでも眺めながら、きっともうすぐマイナスからゼロに戻れるはずだ、と自分に言い聞かせる。

*

「X」という奇妙な出会い系サイトの存在を知ったのは、引っ越したばかりの頃だろうか。若い社会起業家の新書を流し読みしていて、あるページに目が留まった。新しい時代のウェブサービスのひとつとして紹介されていたその内容は「知らない人と30分だけ会って、話してみる」というものだった。

あ、これかも……と直感的に思い、その場で本を読むのをやめてスマホに手を伸ばした。

サイトにログインするためにはフェイスブックによる認証が必要で、まずは自分のアカウントを登録しないといけないらしい。私はＳＮＳに苦手意識があって何もやったことがなかったのだが、まずはそのフェイスブックなるものを始めることから始まった。

登録、プロフィール設定、認証、また登録、プロフィール設定……。

長い道のりを経て、やっと「Ｘ」のサイトが閲覧できるようになった。そこではいろんな人が顔写真付きでずらりと並び、「仕事や趣味の話など、何でもＯＫなのでお話しましょう」「起業した方、しようと思ってる方、情報交換しましょう」などと簡単なコメントとともに、この日、この時間に、渋谷で、新宿で、お話しましょう、と呼びかけている。

え、なんだ、この世界。見たことない。

出会い系サイトのようなものには違いないのだろうが、出会いを異性との恋愛目的に限定してないからなのか、後ろ暗さはなく、おしゃれな感じすらする。私がイメージする「出会い系」とは全然違う。学生さん、おじさん、若いＯＬ風のきれいな女の人、サラリーマン、高そうな自転車で都会を走ってそうな人、いろんな人がこのサイトの中に実在しているのだ。

この人たちの誰とでも、会おうと思ったら実際に会えるのか。そう考えるとすごいのだけど、じゃあ誰と？と思いながら改めて見てみると難しい。自己紹介にこれという特徴がなく、「どんなお話でもOK」としか書いてない人は、会いたいと思うための決め手に欠けていて、かえって興味を持ちづらく、「恋愛の話がしたいです！」とか「脳の研究をしています！」といったような、具体的に何か引っかかるポイントがある人の方が会ってみたくなる。

だとしたら、私は何をプロフィールに書けばいいのだろう。「趣味は読書です」「本の話をしましょう」あたりが無難だろうか。だけどこの場ではそんなこと、何も言ってないのと同じくらいに印象が薄いように感じた。

そうだ。

ここで、あれをやってみるというのは……？

ふと閃《ひらめ》いて、すぐに打ち消す。いきなり知らない人相手にそんなことできるわけないし、いくら何でも無謀すぎる。今までそんなこと、やってみたこともないのに。

……でも、別に失敗したところで何が起こるというわけじゃない。何にもできなくたって、ちょっとがっかりされるくらいのことだ。何もしないよりはいいじゃないか。

さんざん迷った末、私は自分のプロフィール欄を修正して、再登録した。

「変わった本屋の店長をしています。1万冊を超える膨大な記憶データの中から、今のあなたにぴったりな本を1冊選んでおすすめさせていただきます」

本当にこんなこと書いて大丈夫なのか。でも。

こうして謎の出会い系サイトで、使ったこともない、よくわからない武器を持って。

私の旅が始まった。

第1章
東京がこんなにおもしろマッドシティーだったとは

「ああ、菜々子さんですか」

カフェに入るなり声をかけてきたのは、想像してたよりも穏やかで静かな雰囲気の、背の高い男の人だった。歳は40代前半くらいだろうか。

「土屋です。よろしくお願いします。もう飲み物、なんか頼まれました？ ここ、よく来るんですけどチーズケーキがおいしいんですよ、もしよかったらおごるんで食べてください。ほんと、これはおすすめなんで」

そう言いながら普通の顔で向かいの席に座る。

これが私の記念すべき1人目、土屋さんとの出会いだ。

＊

「X」にプロフィールを登録した後、仕組みを理解するためにしばらくサイト内を巡回してみた。

誰かと実際に会うための手順はどうもこうらしい。まず、「○月○日17時　渋谷近辺」といったような、日時とだいたいの場所を設定し、その情報に「楽しくお話しましょう！」などと一言を添えてアップする。このことをサイト内では「トーク」を「登録」する、と言うらしい。その情報はログインしている人に掲示板のような形式で公開され、その人に会いたい人は「申請」という形で申し込むことができる。もし複数の申請があればその人はその中からいちばん会いたい人を選ぶ。会いたい人が誰もいなければ全部断って中止にしてもいい。誰からも申請がなければもちろんマッチングは成立せずに流れる。つまり誰かと会うためには、自分が登録して誰かを待つか、すでにある誰かの登録に申請するかのどちらかということだ。

プロフィールを登録しただけでは何も始まらない。サイト内を巡回すればするほど、フェイスブックやツイッターと違い、見てるだけでは何も面白くないサイトだとわかる。人気ランキング上位にいる面白そうな人に「いいね」を押したり、とりあえず自分の興味のあることを「#読書」「#旅行」など片っ端から「タグ」にしていって、共通のタグの人をチェックするくらいしかやることがない。

現在相手募集中の一覧を見ると、たくさんの時間帯にトークを設けて登録しているのに、ことごとく誰からも申請がなく流れてしまっている人も多い。自分も誰からも申し込んでもらえなかったら悲しいしかっこ悪いかなあ、それに変な人ばかりから申し込まれたらどうすればいいのだろう、などとぐだぐだ考えてしまって書き込む決心がつかない。

と、フェイスブックのメッセンジャーの新着通知が鳴る。知らない人だ。

「こんにちはー(^^)/　土屋といいます！　広告の仕事してます。Xで見かけてメッセしました！　新入りさんですね、よろしくどうぞ！　僕もそんなくわしいわけじゃないけど、使い方とかわからないことあったら聞いてください☆」

なんだか親切な人が現れたという安堵と、なぜ知らない人が突然メッセージを?と いう不信感が半々だった。

「わざわざありがとうございます。でもどうして私のことがいろいろわかるんですか?」

「フェイスブックのメッセのことですかね(^^;)　その人のプロフィールの下に〈f〉とかツイッターのロゴとかがあるのわかりますか?　そこをクリックしたらその人のアカウントが見れますよ〜。もし怪しい人かも、って人から申し込みがあったら見てみるといいですよ。会社名とか素性が書いてあればちょっとは安心じゃないですか。投稿でどんな人かもわかるし。

それから最近登録したばっかりの人とか、オンライン中の人は『おすすめの人』みたいに表示されるようになってるんですよ。下の方。わかりますか？」

わざわざメールしてくるあたりお節介ではあるが、まあ親切な人のようだ。

「はあ、なるほど……知らないことばかりなので、助かります」

「トークは登録はしないんですか？　とりあえずは様子見？」

「登録しないと始まらないなー、と思うんですが、誰も集まらなかったらどうしよう、とかいろいろ考えてしまって」

「じゃあよかったら第1号で僕と会いませんか？　日にちと時間合わせてもらったら僕から申し込みするので。それでよかったら一旦登録の練習してみましょう！　何事もチャレンジですよ～♪」

なんだか強引に進められている気もするけど、ずっとサイトを眺めているよりはマシか。ヤバい人じゃなさそうだし、試しに会ってみよう。

「じゃあやってみます。ありがとうございます。今から登録してみます」

こうして土屋さんと会うことが決まったのだ。

＊

土屋さんに指定されたのは、本格的なコーヒーが売りの、奥渋谷のおしゃれなカフェ。土屋さんが来るまでは「知らない人と！　これから話す！」と変な力が入って落ち着かず、何度も店を見渡したりスカートのしわを直したりそわそわしていたが、会って挨拶してしまうと「なんだ……別にそんなに怖くないじゃん」と冷静になれた。土屋さんが話しやすそうな雰囲気だったのもよかったのかもしれない。

飲み物と、すすめられたとおりのケーキを注文し終えた頃にはもう、今まで抱えていた「未知への緊張感」はほとんど消えていた。

「土屋さんは……Xは、もうけっこうやってるんですよね？　どうしてやってみようと思ったんですか？　やってみて、どうですか？」

「うーん、ひとりでお茶するよりも気分転換になるし、若い人の話聞いたりするのも刺激になるし、仕事の新しい発想をもらえることもあるしね。楽しいですよ。菜々子さんは？」

「私は、夫と別居することになって。それで新しい世界があるといいなあ、って思ったのと、どうせならそこでついでに本を人にすすめる修行をしようかなー、と思って」

「別居！　そっか、いろいろつらいことあったんだね。でもそこから先の話がいろいろ飛躍してるような……。面白いね、菜々子さんって。言いたくなかったら全然いいんだけど、別居の理由って何かあったの？」

「えーと……」

夫が同じ社内にいて共通の友人が多かったため、今まで別居の理由はほとんど誰にも話していなかった。自分の側からだけの話をすると、どうしても自分が被害者みたいな話し方になってフェアじゃない気がしたからだ。別居は双方の問題だと思っていたし、相手を責めたり恨んだりする気持ちはまったくなく、どちらかというとむしろ一時的な問題回避で一旦距離を置きたい、という結論しか出せなかったことに申し訳なさを感じていた。

でもここで会う人は何にも関係ない。夫の知り合いとそのことを噂《うわさ》したり、あげく夫本人に「こんなふうに言ってたよ」などと告げ口したりと変な首を突っ込んでくる心配もない。今日だけしか会わない赤の他人に、冗談めかして話せるのは気が楽でもあった。

土屋さんは話を興味深く聞いてくれて、そうかそうか、と相槌《あいづち》を打ちながら言った。

「ここはいろんな人との出会いもあるしさ！　菜々子さんももう別居してるわけだから彼氏がいたっていいわけじゃない？　こういう話ってあれだけど、身体《からだ》のさみしさ、みたいなこととかもあるしさ」

見当はずれの励ましの言葉に、（……？）と思ったが、なるほど、ここはそういうくだけた話やちょっとした性の話題もアリなんだな、と把握し、

「まあ身体のさみしさ、っていうのは別にないですけど。彼氏ねえ、そのうちできたらいいですね」

適当に受け流した。けれどなぜか、

「さみしさ、っていうか、ね、性欲って言っちゃうとちょっとストレートすぎるかなと思ってさ！　でも女の人にだって性欲があるのは別に恥ずかしいことじゃないと思うんだよね」

私が欲求不満で悩んでいる前提で話が進み、土屋さんはさらにたたみかけるように言った。

「僕は男女平等には大賛成だし女の人を尊敬してるけど、男ナシでずっとひとりでがんばってる女の人っていうのは、なんかちょっとヒステリーな感じがするっていうかな。どんな女の人も、男に愛されて満たされてるからこそ輝くっていうのかねえ」

ひと昔前のような持論に、思わず苦笑いしてしまった。その反応を察知してか、土

屋さんが取りつくろう。

「いや、別に絶えず男がいた方がいいとか、菜々子さんが乾いて見えるとかそんなつもりじゃないからね！　ただ、菜々子さんならきっと彼氏見つかると思う、ってことですよ」

「ありがとうございます。そうですね、ピエール瀧《たき》みたいな素敵な人が見つかったらいいな」

面倒くさいので意図的に話をずらすが、

「いやいや、ピエール瀧って！　そういう人がタイプなの？　変わってるなあ！　まあさ、ピエール瀧みたいに面白くないかもしれないけど、僕でよければいつでもごはんとか付き合うんで、ダンナとのことでも、つらいこととか、いつでも話してすっきりしてくださいよ。セックスありでもなしでも僕はＯＫですんで菜々子さまのいいように！　なんつって」

結局なんとかしてセックスの話に持っていきたいだけのようだった。若干うんざりしたが、まあでも、そういう人のおかげでこうして第一歩を踏み出せたとも言えるし。感謝感謝。

「お気持ちはうれしいんですけど、今はそれよりＸでいろんな人に会ってみたい！こうやって今日土屋さんとも会えたし、こんなふうにこれからいろんな人と会えるのがすごく楽しみです」

（なので、つまりもうあなたとまた会うつもりはありませんが）と心の中で付け足しながら答える。

「ああ、そうね、そうなんだけどね。でも怪しい人もいろいろいるからさ」

いや、それオマエだよ、とさすがにもう言っていいなこれは、と思い、

「たしかに。土屋さんみたいな怪しい人がね」

と冗談っぽく振ってみると、

「ちょっとちょっと〜。そんな言い方ひどいじゃないですか〜。仲良くしてくださいよ」

と、向こうも冗談っぽいノリだ。

「えー……なんか面倒くさそうなんで遠慮しときます」

「ちょっと〜！」

あらかじめ決められた30分という枠組みの中で、親しみを持ってこんなふうにあしらったり軽口を交わせるということも新鮮だった。もう二度と会わなくていいことが気を楽にした。

一旦軽くお断りしたのが功を奏したのか、その後は広告業界の話や、普段の自分の仕事のこと、最近手掛けたＣＭができるまでの話なんかを聞かせてくれた。

話の終盤になって、あわてて本のことを聞く。普段どんな本を読んでるのか、どんな本が読みたいか。

「じゃあ小説がいいかなあ、最近あんまり本読んでないから」

聞く限りではそこまで新刊を追ったり、熱心に大量の本を読んでるというふうではないようだ。

しつこくまた会いたがったり、なんとかセックスの話に持ち込もうとするおじさん特有のねっとり感には正直辟易《へきえき》したが、仕事の話をするときはセンシティブで、繊細に話している面も感じられた。それから、性格や職業からしても、古典的なものよりは今っぽいものの方が好きそうな感じもする。

おすすめする本は、つい最近自分が読んで大いに「すごい人が現れたな」と思った樋口毅宏にしよう。初めて読んだとき、まったく新しい言葉と世界観の持ち主だと感じて心がざわめいた。広告の仕事をしているくらいだから、突如現れたこの才能をまだ知らないのであればぜひ読んでみてほしいと思った。『さらば雑司《ぞうし》ヶ谷《や》』でもいいけど、何しろセックスが好きみたいだから、タイトルにセックスって入ってる『日本のセックス』なら読もうとしてくれるかもしれない。最近文庫化されたばかりだし、新しさとしてもちょうどいい。

内容は、スワッピングの世界へ足を踏み入れる夫婦の話で、最初はただのエロ小説のようなのだが、途中からバイオレンス小説になり、裁判小説になり、純愛小説として終わる、というその荒唐無稽《こうとうむけい》さが面白く、まさにジェットコースターのような作品だ。気に入ってもらえるといいのだけど。

1冊目の紹介本はそんなふうに決め、後日お礼の言葉とともにフェイスブックのメッセンジャーで送った。

知らない人と会うのは、思っていたよりも怖くなかった。それに今までは別居のことや仕事のことで鬱々《うつうつ》とした顔をしていた時間が多かった気がするが、そんな問題とはまったく関係のない土屋さんと会うことで、今の状況に囚われない、明るくて楽しげな自分が久しぶりに立ち現れていたことに自分自身でも少し驚いていた。

味をしめた私は次の日もさっそく「トーク」を登録してみた。その日はたまたま仕事が休みで都内に出ていたのだが、夜になって「今から1時間後、みたいな突然の登録でも誰か見て申請してくれるのかな?」と試してみるような気持ちでふとサイトに書き込んだ。

10分経っても誰からも申し込みはない。皆そんなに頻繁《ひんぱん》にチェックしてるわけじゃないし、そんなに都合よく空いてる人いないか、と思ってあきらめかけていると、1

通の申請メッセージが届いた。コージさんという人だった。

「登録見ました！　ぜひお会いしたいです！　ただ、今仕事中でもうちょっとしたら上がれるのですが20時にはちょっと間に合わなそうです！　20：30〜とかではどうですか？」

返事を送る前にその場でコージさんのプロフィールを確認する。回数もけっこうこなしているようだし、すでにこの人と会ったという人の紹介文には「明るくて面白い人」「話がはずみすぎて大幅にトーク延長することに（笑）」「前向きでエネルギッシュな方です！」という言葉が並んでいた。

うん、よさそうな感じだ。

「喫茶店で本読んでるんで大丈夫ですよ。気にせずゆっくりいらしてください」

２人目のコージさんとは、こうしてトークが決定した。

昭和風の純喫茶で本を読んで待つ。静かすぎて、ここで話すの大丈夫かな、まずいかな、と考えていると新しいメッセージが届いた。

「ほんとすみません、仕事が押しちゃって！　今会社出るんで着くの21：10くらいになりそうです」

正直ちょっとイラッとした。つまり当初のこちらの登録時間より1時間以上遅くなるということじゃないか。だったら他の人とその時間に会えてた可能性だってあるのに、その時間をまるまる潰されて、なんでここまで向こうの都合に合わせなきゃならないのか。……そう思ったが、これ以上待つのが嫌ならこちらも「じゃあ今回はナシで〜」と断ればいいだけの話なのだ。別に早く帰らなきゃいけない理由もないので、せっかくだからまずは会ってみよう、と気を取り直す。

その喫茶店は21時までだったので、待ち合わせ場所を変えないといけなかった。近くに遅くまでやっているような喫茶店はなかったしお腹もすいたので、近くの「S」というバルで待ってます、と店の場所のリンクを送って、また待ちぼうけするのもバカらしいので、先にひとりで飲みながら食事してることにする。

「菜々子さんですか？　すいませんすいませんすいません!!　いや、ほんっとにすいません!!」

現れたのはさわやか系の見た目に、大きな声と体育会系のテンションの高さを併せ持つ30歳前後と思しき男子。逆に全然悪いと思ってなさそうな謝りっぷりに思わず笑ってしまった。

「いえ、大丈夫です。ひとりでピザ食べてたんで」

「はあーよかったー笑ってるーー！　いやあもう癒しっす！　それだけで癒しっす！　ピザいいっすねー、俺もおなか減ったーー！　何ピザすか！　まだ食べれます？　もう今日は食べましょ！　そして飲みましょ！　俺お詫びにおごるんで！」

カウンターの隣に座りながら店員さんにも「あ、お兄さん、ビールください！　いちばん大きいサイズで！　なんなら樽《たる》で！　え、ジョッキのみ？　大丈夫です！　全然問題ないです！」とハイテンションで飛ばしていた。

乾杯をして、やっと落ち着いて話をする態勢になる。

「菜々子さんはXは始めたばっかりなんですね。今日は俺なんかと会ってもらえて光栄です！」

「こちらこそです。えっと、コージさんはけっこうトーク回数重ねてるんですよね」

「そうっすねー、まあ……」

なぜか照れたように頭を掻いている。

「コージさんは何のためにXをやってるんですか？」

「俺の場合は、今はベンチャーで子どもの教育にまつわる仕事をやってるんですけど。いつかは起業したいと思ってて、資金貯めつつアイデアを練ってる、ってとこですね！　ずっと教育関係の仕事してるので、やるとしたらそういう方面かな、と思うんですけど、今の会社は男ばっかりで女性の意見とかアイデアを聞くチャンスがなくて。

それで自分のアイデアを聞いてもらったり、意見を聞かせてもらったりしてます！」

コージさんはまるで面接で志望動機を聞かれた意識高い系の学生のようにハキハキと答えた。

「なるほど。いろんな使い方があるんですね……」

「菜々子さんは、なんで始めてみようと思ったんですか？」

それでまた昨日話したような話をひととおりする。コージさんは大げさに頷《うなず》いたり、眉にしわを寄せたり、笑顔になったりしながら話を聞いてくれて、

「素晴らしい！　新しいチャレンジってわけですね！　俺はその人生の瞬間にこうして立ち会えてるわけですよね！　いや、これは感謝だ。こうして前向きに進む菜々子さんと俺、今日出会えたこともひとつの運命ですよね。菜々子さんの気持ちに勇気づけられて俺ももっとがんばらなきゃって思うし、俺は菜々子さんのことを全力で応援しますから!!」

となぜか握手を求められた。コージさんの言葉は、言ってることの是非はともかく、使う単語が常に熱量過多だった。

「はあ……どうも……」

ちょっと引き気味になりつつ握手のための手を差し出す。

「あっ!!　ちょっと!!　ウザイなって思ってるでしょ！　暑苦しいって思ってるでし

ょ！　わかってますよ、俺だって30年このキャラでやってるわけですからね、そういうことは思われ慣れてますからね！」

「いやいや、慣れてないだけで！　すいません、慣れてきたら寒くなくなると思います」

「寒いって！　さらに否定してるし！　いや、そうなんです、わかるんですけど！　でも言葉は言霊《ことだま》だからどんどん言っていこうって俺は思ってて！　感謝とかもうほんとにそうで、照れてたらだめなんですよ。わかります？　どんどん言葉にしていかなくちゃ！　ポジティブに、突進して立ち向かう獣でありたいんすよね俺は！　武井壮って知ってます？　知らない？　えっ知らないの？　ってか、菜々子さんって！　美人ですよね！　美人じゃないすか？　美人じゃなくなくなくなくないすか？」

「えっ？　えっ？」

疲れるが、悪い人じゃないのかもしれない。さすがに同じノリにはなれないが話してるだけでこちらも元気になるような桁外れのパワーがあった。結局そのよくわからないパワーに押されてお酒をおかわりしながら、２時間ほども話していた。

コージさんに本のことを聞くと、

「菜々子（後半なぜか名前呼び捨てに）のことをもっと知りたいから、今、君がいちばんこれだと思う本、君という人がわかるような本を教えてほしい。必ず買って読むよ！」

と言うのでちょっと拍子抜けしたが、まあそういう出会い方もあるか、と思い、家に帰ってから何がいいか考えることにした。

今、私がいちばんこれだと思う本……。ならば、大宮エリーさんの『思いを伝えるということ展のすべて』という本を紹介することにしよう。この本はエリーさんの個展を写真と文章で再録したもので、ファンでもない普通の人にはわかりにくく読みづらい本かもしれない。ただ、私が先日までの家出期間中にずっと読み続け、お守りのように何度も開いてはいつでも泣いた、そんな本だった。エリーさんの、「安易じゃないけどそれでもやっていこう、人とつながっていこう」というメッセージが深く心に浸透する、自分にとってとても大事な本だった。もしこの縁をきっかけに、エリーさんの言葉がコージさんの胸にも届くならば、それはとてもうれしいことだと思った。コージさんにも本をおすすめする文章はフェイスブックのメッセンジャーで送った。

コージさんからはすぐに返信があった。

「菜々子、本のおすすめありがとう！　この前の夜はとってもエキサイティングだった！

うまく言えないけどさ、俺たちすごく気が合うと思うし、似たエネルギーを持つ者同士が炎を高め合ったらパワーは二倍にも三倍にもなると思うんだ。あの日、菜々子も同じことを感じてたんじゃないかな？

俺は結婚してるけど、人との出会いはいつも運命的なものだから、俺にとってはそんなことは関係ない。次会うときは時間を気にせず、菜々子と朝まで語り合いたい。もっとお互いを深く知れたらいいよな。

でも菜々子が踏み出さないならそれもひとつの選択だよ。勇気を持ってもらえなかったことは残念だけどね。それなら返信は不要！　男らしくいこう」

と、なぜか突然に新たな展開に踏み出す（男女の関係になることと解釈していいだろう）か、もう連絡しないかの二択を迫られる図になっていた。

呆気《あっけ》に取られていると、続けて最初に会った土屋さんからも返信が届いた。こちらもこちらでエッジの効いたメールだった。

「『日本のセックス』って、これ、小説なんですね。とても興味深いです。おすすめしてくれてありがとう。

スワッピングがテーマということですが、菜々子さんもそういうの興味ありますか？　この本を読んで、菜々子さんのセックス観はどう変わりました？　女性はやっぱり受け入れる性だから、見られたり欲情されることで燃える、っていうのがあるのかな、というのが男の僕からの疑問です。

次にお会いするときは、ぜひこの本の話で楽しく盛り上がりたいですね。目黒においしい焼肉の店があるんですが、来週あたりご都合いかがですか？」


なるほど、なるほど……。そういう感じか。うん。なるほど。

この容姿・33歳・既婚（ただし別居中／子どもナシ）……という自分のスペックでもアリなんだ……。この業界（？）においてはまだ自分にも需要があるんだ、ということを教えてくれるこの二通のお知らせは、正直、健康診断でA判定をもらったような安心感を与えてくれてもいた。

けれどそれは二人に実際に会ったときの、ちょっとワクワクするような感情にはほど遠かった。あの時間は、心を交感させて楽しく話せていた気がしたし、何かが始まったような、新しい一歩を踏み出せたような気持ちになっていた。本も、一生懸命考えてベストのものを選び、なるべく興味を持ってもらえるようにすすめたつもりだった。けれど結局は、女とセックスできるかもしれないという価値だけが一人歩きしているに過ぎなかったのだ。

割り切れない無力感が、もやもやと心の中に広がった。

*

しかし、まずはもう少し続けてみよう、という気持ちだった。

3人目にお会いしたのは原田さんという人。前の2回が夜だったのがいけなかったのかもしれない、と思い、今度は休みの日の昼に設定してみた。この登録には何人かの人が申請をしてくれたので、その中からいちばんまともそうな人を選んだ。選べると素性のわからない人を避けられるのでちょっと安心だ。

待ち合わせのスターバックスに着くと、原田さんと思しき細身のタートルネックの男性はもうすでに席に座っていて、テーブルにはコーヒーといっしょにトランプが置かれていた。

前のぐいぐい来た2人とは違って、上品でおとなしそうな人だ。

挨拶もそこそこに、原田さんが切り出す。

「今日は手品を見ていただきたいんですが」

「あっ、はい」

たしかに原田さんのプロフィールには「手品お見せします。他に写真や詩を書くことに興味があります。毎日ブログを更新してます」と書いてあった。

突然でちょっとびっくりしたが、見せるというだけのことはあって手品はしっかりと面白かったし、原田さん自身も挨拶をかわしたときよりは手品を見せているときの方が、堂々としていて楽しそうに見えた。

原田さんは調理器具の実演販売の人のごとく、次から次へと手品を披露してくれた。そして約束の時間である「30分」の半分、15分を過ぎたところで、

「こんなところですかね……」と一旦トランプをまとめてケースにしまい、次に黒いファイルを取り出した。

「あと、写真と詩をやってるんですよ。もしよかったら、ちょっと見ていただいて、感想とかあったら聞かせていただけないでしょうか」

「あ、はい、じゃあぜひ……」

おそるおそるファイルをめくると、キラキラと輝く観覧車をバックにコスモスが咲き乱れるロマンチックな写真に、明朝体で詩がプリントされていた。詩は、原田さんのパッと見の印象とも手品ともかけ離れた原田さんの第三の世界のようだ。

「Memory

別れは何のためにあるのだろうか

キミを失ってからいつもそんなことばかり考えている
空を見上げるとキミの笑顔が浮かんでくるよ
でもまだ青空に笑ってるキミみたいな笑顔にはなれないな
もう季節が一周してしまったんだね
元気ですか」

写真は夜景、花、空、夕焼け、水たまりに落ちた葉っぱ、コーヒーカップや四つ葉のクローバーのようなモチーフがメインだった。詩はだいたい恋愛のことか、「どしゃ降りの雨もいつかは止むし、だからこそ空にかかる虹は美しい」というようなロマンチックなメッセージが多く、思わずしばらく沈黙してしまった。

「写真は……デジカメで撮ってるんですか？　すごくきれいですねー……」

ここでこの問いじゃないだろうな、と思うが、沈黙を埋めたくて思いつくままに聞く。どうして詩を書いてるんですか？　詩はどんなときに書くんですか？　ご自身のことを書かれてるんですか？　……などとファイルを見ながらパッとしない問いをしては、ぽつぽつと原田さんが答える、というやりとりが続いた。

「どれか、気に入っていただけたものってありましたか？」

「あ、えーと、そうですね、いちばん、最初の観覧車のがすごくきれいだったかな～」

「ああ、それはよくそう言ってもらえるんですよ」

「あとは、これとか、これとかかな」と示して伝えるとちょっとうれしそうにしてくれたのでこちらもほっとした。そんなことを話しているあいだに30分が過ぎてしまっていたのであわてて聞く。

「あ、そういえば、原田さんのこと全然お伺いしてなかったんですけど、私も本を1冊すめる、というのをやらせてもらってまして、何かこういう本が読みたい、というもの、ありますか?」

「うーんと、そうですね、実はあんまり本って読まないんですよね。詩も、独学というか、思いついたことを書いてるだけなので。何かおすすめの詩集があれば、どんなものでもかまわないので読んでみたいです」

前回の二人がメールだったからああなったのだ、という気持ちもあり、今度は思いついた本をその場で話してしまうことにした。

「じゃあ、女性の詩人で、茨木《いばらぎ》のり子って方がいるんですがご存じですか?」

「いえ、知らないですね」

「どの詩集を読んでいただいてもいいのですが、もし1冊買っていただけるならベスト版的な『おんなのことば』がいいかな。日本の詩人というと、谷川俊太郎がいちばん有名かなと思うのですが、茨木のり子はもっとメッセージ性が強くて、ダイレクトに心に響いてくる感じなので、原田さんが詩を書かれるときに何か参考になるような表現があるかもしれないです。ピュアさと凛々《りり》しさが共存していて、熱く、簡潔に言葉にされていて、とても感動します。私はすごく好きです」

「なるほど、面白そうですね。ぜひ読んでみたいと思います」

そしてあっけないくらいにあっさりとお別れとなった。前の2人の強い押し、強引なノリに比べて、今日はあまりにも淡泊なのも新鮮だったし、お互いを知るような会話をするのがここのスタンダードだと思っていたが、自分が見せたいものをただ見せるという30分……こういうのもありなのか。

自由……。

またひとつ新しい扉が開かれた気がした。

＊

4人目は大橋さんという、こちらは20代半ばくらいの男の人。新卒の社会人のように着慣れていなそうなスーツ姿と派手な水色のリュックが妙にアンバランスだった。

金曜の夜で、渋谷のドトールは混み合っているようだった。お相手の大橋さんは店の前で待っていてくれて、こちらに気づくと自然な笑顔で会釈してくれた。

「お店、混んでそうですね。もうちょっと静かそうなカフェとかにしますか?」

「いや、まあすぐに空くでしょう」

大橋さんはそう言いながら店に入り、自分の飲み物だけを注文して、席探しておきますね、と階段をスタスタと上っていってしまったので、あわてて自分もアイスティーを注文し、後を追った。

ようやく2人用のテーブル席に陣取り、挨拶を交わしてひと息つくとすぐに、

「僕は今メンタリズムを勉強してます。よかったらやってみせますよ」

と言って10円玉を1枚財布から取り出し、私に渡した。

「これを僕にわからないように、どちらかの手に握って、両方のこぶしを前に差し出してください。どっちに入ってるか当てます」

えっ、メンタリズム、ってもう一般用語になったの? たぶんテレビに出ているDaiGoという人だけが使ってる造語では?と思ったが、そこには突っ込まず、片方の手に10円玉を握り、言われるままにふたつのグーを机の上に置いた。

「これは勘で当てるのではなくて……こっちですか?と聞いたときのわずかな表情の揺れから判断するんですよ……あ、僕が開けて、って言うまで開けないでください。合っててても間違ってても、まだ言わないでくださいね。うーん、右かな……?」

言いながらゆっくりと意味ありげにこちらの顔を見つめてくる。私は無になろうとしたが（でもこれだけの自信で、はずして気まずくなったら嫌だから当ててほしいなあ）と邪念で頭がいっぱいだった。

「わかりました。左手ですね？　開けてください」

そう言われ、心から残念な気持ちで何も入ってない左手のこぶしを開いた。

「あれ……」

うろたえているので、ついかわいそうになって、

「いや、実は今、左って思われるようにめちゃがんばったんですよ！　私の勝ちですね～。はあ、でも見破られそうでドキドキしました！　眼力がすごくて～」

なぜか必死でサービストークに回った。

「いやあ、そうか、やられたなあ。菜々子さん、女優の素質ありますね！　この前DaiGoも吉永小百合が相手のときには見抜けてなかったんですよね～」

大橋さんはほっとしたように普段の学習元であるらしいテレビの情報を教えてくれた。

でもそんな自信満々に外すぐらいなので、悪気のない憎めない人というか、基本的にはいい人だった。

「メンタリズムができるようになったら、それを悪用するっていうんじゃなく、人と

のコミュニケーションも、もっといいものになると思うんですよね」

と言うので、その話の流れから、『ウケる技術』という本をさっそくおすすめした。会話の中で相手を笑わすためのテクニックがネタ的に書かれた、ビジネス書のパロディのような本なのだが、読んで笑ってしまうだけでなく、「ウケるために相手に対し、どんな笑いの型がハマるのかを会話の中で見極めチューニングする能力が大事」など、思わずハッとさせられるコミュニケーションの真理がサラリと書かれているような本だ。

「へえ、いいですね。僕の勉強にも役立ちそうです」

興味を持ってもらえたようだったのでひと安心した。「勉強」という言葉に引っぱられ、話の合いの手くらいのつもりでふと、たずねた。

「そういう……心理カウンセラーのような仕事をなさってるんですか？」

大橋さんは視線を泳がせ、うーん、と言いよどんだあと、まあ、今はいろいろと、と言葉を濁《にご》して、そのまま半分独り言のように、

「でも実は、博報堂からスカウトされていて困っているんですけどね〜。でもまあ、今も年収は5千万だし……あ、やば、言っちゃった」

と聞いてもないことを親切に教えてくれた。

それを受けて、

「へえー！　年収5千万かあ、すごいなあ！　そんなに稼いでてもドトールとか使うし、ワリカンなんだなあ、勉強になるなあ」

私も感心した……かったのだがさすがにそれは無理だった。

せめて……せめて年収1千万と言ってくれていれば。「ほんとかよ」と思いつつ、まだどこかで信じようと思うこともできたかもしれないのに。5千万ではちょっとフォローできないじゃないか。いや、でもそんな明らかに非現実的な数字を言ってくるというのはもしかしてこれは笑うところだったのかも？　でも笑うところっぽい雰囲気じゃなかったような……。と考えてるうちによくわからなくなったので、とりあえず、だいぶ間があいてしまったが「へええー」と言ってアイスティーをすすった。

「……あ、そろそろ時間ですかね。行きましょうか」

「あ、ほんとだ。そうですね」

2人でトレーとグラスを下げ、ドトールをあとにした。

しかしそれにしても。とりあえずセックスって言ってみるやつ。とりあえず結婚してるけど俺は問題ないって言ってくるやつ。とりあえず時間いっぱい手品とポエムの発表するやつ。とりあえず年収5千万と突飛《とっぴ》な嘘をつくやつ。こんな人ばかりのサイトなのか。もうめちゃくちゃじゃないか。めちゃくちゃすぎるだろう。そう思いながら、けれど、5千万とふたり、渋谷駅に向かって歩く雑踏はいつもより力強く輝いていた。

だって無機質で居心地が悪いとしか思ってなかった街は、少し扉を開けたらこんなにもおもしろマッドシティーだったのだ。なんて自由なんだろう。やりたいようにやればいいんだ。こっちだってやってやるよ。やりたいように好き勝手に本の紹介をしてやるよ。そんなふうにカッカとたぎりながらスクランブル交差点の信号待ちをしていると、5千万が「あのさ」とちょっと言いにくそうに切り出す。

「……菜々子さん、プロフィールをすごい変わった感じで書いてるじゃん？　あれ、やめた方がいいと思うよ。俺はチャレンジャーだからどんなやつか確かめてやろうって思って今日来たけど。で、実際すごいマトモな人だったから安心したんだけど。でもヤバそうって思うやつも多いと思うから、ちゃんと真面目に書いた方が、これからいろんないい人と会えると思うんだ」

え？

……盲点だった。こちらが相手を怪しむことで頭がいっぱいで、相手から怪しまれている可能性をまったく考慮していなかったのである。

私は、このようなサイトの中ではまずは埋もれずに目立つことが大事だとばかり思い、ウケを狙ったキャラ設定をしていたのだった。職業欄を「セクシー書店員」とし、あまつさえこの大橋さんと会った時間の募集コメント欄では、こともあろうに「Hになればなるほど固くなるものなーんだ？　答えがわかった方、お会いしましょう！」とセクシーなぞなぞなるものまで出題していた（答えはエンピツ……）。それから……それから、プロフィール写真もツチノコのぬいぐるみを頭に被って無表情、という不思議ちゃん感丸出しの自撮りのものを使っていた。

ツチノコは「ドラえもん」に出てくる、未来からジャイアンが連れてきたという設定のキャラで、それをグッズ化したもののひとつにぬいぐるみティッシュカバーがあり、本来の用途はボックスティッシュを入れて使うものだ。だが私は普段から自室でこれを帽子のようによく被っており、どこかのタイミングで「あれ？　これ、めちゃかわいいじゃん」と自撮りした写真だった。

考えれば考えるほど気分が淀《よど》んでくる。DaiGo ぶって思いっきり10円が入ってる方の手を外してうろたえているやつを笑う立場にはなかったのだ。怪しさ満載だ。というかもう、これ、ただのヤバいやつじゃないか。

やってやるよ、と鼻息荒く意気込むまでもなく、気づけば私がいちばんヤバいやつだったのである。しかもそれをヤバいやつが忠告してくれるというこの二重苦。

死にたい。

「ほんとだ……ほんとそうだね……。今なんか目が覚めた。うん、やめるよあれ」

「絶対その方がいいよ！」

ありがとう5千万。今夜だけはオマエの年収信じるよ。

信号が青に変わる。私たちは手を振って別れ、マッドシティーを後にした。

＊

大橋さんにプロフィールのことを突っ込まれたあと、さらにその直後に会った井田さんによって私のプロフィール、および登録の各種画面のクオリティーは飛躍的に向上した。

井田さんは野球の松井選手みたいなごつい見た目ながら、明るいムードと和《なご》やかなトーク力を持つ保険の営業マンだった。独立してフリーでやっているらしく、だからなのか、営業マン的礼儀正しさのようなものと話しやすさとが両立している、安心感のある人だった。

「セクシー書店員はもうやめたんですか？　プロフィールから消えてましたね」

「そのことは忘れてください……」

自分が蒔《ま》いた種だが、面と向かって言われてはさらに死にたくなる単語だった。

「いやいや、面白い人が現れたね、ってXで知り合った友人ともやりとりしてたところです。菜々子さんはXで、会った人に本を紹介してるんですよね？」

「はい。真面目な話をすると、少しでも目立った方が『いいね』してくれる人が増えて人気ランキングも上がるし、と思ってちょっとインパクト重視のキャラを打ち出してみたんですが、この前お会いした方から『ヤバいやつかもと思って会うハードルが上がってる』という指摘を受けて、消した次第です」

「おお、なるほど。誰ですか？　大橋さん？　ふーん……あの人意外といいところあるんだな」

　ああそうか、この人も大橋さんと会ったことがあるのかと気づく。「意外と」という大橋さんをよく思ってないようなワードについ反応して「あ、もしかして年収の話ですか？　そのときも5千万って言ってました？」と聞きたくなったが、やめておいた。

　井田さんは落ち着きのある笑顔で話を続けた。

「1万冊の記憶データっていうのがすごいですね」

「あ、それは全部読んだという意味ではなくて。自分が店長をしている店が改装したときに、1年で入荷した本すべてのリストを見る機会があったんですが、それが1万

3千点とかあって。それは全部自分ひとりで発注してるし、だいたい表紙のイメージとか、こんな本だったとか覚えてるもんだなあ、って思ってそれで書きました」

「なるほどなあ。いや、本をおすすめするって実際すごくいいコンセプトだと思いますよ。たしかにエキセントリックに見せるよりは、真面目にしっかり自分のやりたいことを伝える方が人気も出るし、菜々子さんが本当にやりたいことを求めているような人と会えそうですね。これまでお会いした方にも本は紹介されたんですか?」

「はい。お会いしたときにお伝えしてるときもあるし、ちょっと考えさせてもらって数日後にメッセンジャーで送ったりとか」

井田さんは、なるほど、とあごに手をあて、考えるようなしぐさをする。うんうん、とひとり頷いた後、顔を上げて言った。

「それなら、お会いした人に一言お断りして、プロフィールの下に表示される、会った後にその人について第三者が書けるコメント欄に、そのおすすめ本を書いちゃった方がいいですね。そうすると、菜々子さんのプロフィールを見て、どんなふうに本をすすめてくれるんだろう?っていうのをユーザーみんなが閲覧できるようになるので、いい宣伝になると思いますよ。それに菜々子さんのプロフィールを見てなかった人が、他の人のプロフィールから菜々子さんのコメントを見て、興味を持ってくれる可能性も生まれますし」

「なるほど……まったくそこまでは考えてませんでした」

「それからプロフィールのところだけじゃなくて、トーク募集を見た人がぱっと『本をおすすめしてる』っていうことがわかるように、この募集の部分にそれを書いた方がいいですね。今の書き方だと菜々子さん自身に興味を持って、さらに『続きを読む』をクリックした人しか『本をすすめてもらえる』ってことに気づかない可能性があるので」

「ああ……ほんとだ」

「ちょっと今ログインしてもらってもいいですか」

そう言って井田さんは自分のパソコンからXのページを開いて私にアカウントを入力するよう差し出した。

ログインして渡すと慣れた手つきで、

「まずここにこれを書いて……これは消して……」

と迷いなくサクサクと修正していき、みるみるうちに「たしかにこれならこの人に本を紹介してもらいたくなる！」と我ながら思えるようなプロフィールページが完成した。変えてなかったツチノコの不思議ちゃん写真だけが不本意に残ったままだったが……これはあとで撮り直すことにしよう。

「す、すごい……ありがとうございます」

「いやいや、ほんとに、いい形でXを続けてほしいんで。Xを好きになってほしいし、楽しんでほしいし」

と話す井田さんの言葉は、まるで運営側の立場の人のようだった。

「……井田さんは、なんでここまでしてくれるんですか？　Xが好きだからですか？」

「ああそうか、変に思いますよね。僕はこのサービスが始まったときからのメンバーというか、初期からずっと参加してきて、本当にいい仕組みだなあと思うし、いい仲間もたくさんできて。だからXを守っていきたいんですよ。

でもいい出会いもたくさんある反面、どうしてもマルチとかネットワークビジネスの人が入り込んできてしまう。あと宗教の勧誘とかね。だから僕ら何人かで『Xポリス』と称して、それっぽい怪しいやつを見つけたらわざわざ実際に会って、そういうのにも興味なくないみたいなフリして、そういう話を引き出して退会させたりね。

（※Xではネットワークビジネスや宗教の勧誘は明確に禁止されていた。勧誘行為が発覚した場合はそのアカウントは利用停止になる）だから僕もフリーで保険を売る仕事をしてますけど、特に相手から頼まれない限りは、Xでお会いした人に保険の商品をすすめることはありませんし」

それから井田さんは、もしタイミングが合ったらこの人たちと会ってみてください、と、おすすめの人を何人か教えてくれた。

今までXで人と会うことは、無数にいる人の中の誰かとの1対1の勝負の繰り返し、にしか見えてなかったので、実はX全体がひとつの村のように共同体でもあって、参加している人がどんどん知り合い同士になっていって、関係性や信頼が深まっていくという仕組みが隠れているということが面白かった。そして、それをこんな風に大事に守ってる人がいる共同体は、きっといい場所なんだろうと改めて思えた。

「サービスが始まったばっかりの頃はね、もっととんがった人ばっかりで本当に面白かったんですよ？　最近は普通の人も増えてきて、丸くなったというか、ぬるくなったというか。だから菜々子さんみたいな人の登場が単純にうれしくて。期待してますよ！」

とまるで高校3年生の先輩が「今年の1年はおとなしい」と言うがごとくにぼやく。それにさしずめ私は「2年の有望株」として認めてもらった、ということなのだろう。それに「本をおすすめする」というコンセプトは、最初に思いついたときは「すごいイケてるかも！」と思っていたのだが、最初に会った人たちの反応がそうでもなかったので、「やっぱり本なんてみんな読まないし、あんまりウケないか……」と少し自信を無くしていたところだった。だから初めて取り組みを褒めてもらえたこともかなりうれしくて、こんな人たちにもっと会えるのだったらこれからもがんばってやってみよう、とやる気が出た。

井田さんとは、その後の雑談の時間では京都の話で盛り上がった。私も京都は大好きだし、20代の後半に1年半ほど転勤で住んでいた時代があり、その頃は「限られた期間しかいられないのだから」とばかりにガイドブックを片手に京都じゅうを走り回っていたのだ。かたや井田さんも最近京都に魅せられ、週末ごと、ひどいときには日帰りでも行ってしまう、という。神社仏閣よりも街自体や文化に魅力を感じているところも共通していた。

「井田さん、だったら、『Meets』っていう雑誌知ってますか？」

「ああ、もちろん！　好きですよ！　関西のタウン誌なんですかね。地元ならではのディープな情報が載っててていいですよね」

「そうなんですよ、京都のガイド本も他の京都のガイドブックとは全然違って、かっこいいんです。昔はもっともっとかっこよくて、それを作ったのが江弘毅《こうひろき》さんって人で、その人が『Meets』を作っていったことを書いた本が、またすごいかっこいいんです。普通のタウン誌やガイド本とは全然違う方法論で、街の声を紙に落とし込むための過程が語られてるんです。しかも江さんのかっこよさが井田さんのかっこよさと似てる気がする。これは絶対、井田さんに読んでほしいなあ」

「わ、なんかうれしいし面白そうだなあ。何て本ですか？　ぜひ読みたいです」

「『ミーツへの道　「街的雑誌」の時代』っていう本です」

江さんの本は、初期「Meets」の大ファンだった私にとっては非常に大切な1冊だったのだが、今まで他にすすめたいと思う人がいなかったのだ。だから井田さんにこの本を紹介できたのがうれしかったし、こんなふうに楽しい会話の中で、「この人に絶対あの本読んでほしい！」というのが自然に浮かび上がり、それをいい形で紹介できたことにもうれしさが込み上げた。

そうそう、これが私の好きなことなんだ。

第2章

私を育ててくれたヴィレッジヴァンガード、その愛

このよくわからない出会い系サイトのようなもので、よくわからない試みをやってみようと思ったのには、勤務先のヴィレッジヴァンガードの上司だった吉田さんのことも、ひとつのきっかけになっていた。家出事件のちょっと前に、店のバックヤードで吉田さんに30冊の本をプレゼンする、ということを突然やってみたことがあったのだった。

＊

私がヴィレッジヴァンガードに入社したのはもう10年以上も前のことだ。初めてヴィレッジヴァンガードという店に出会ったのはさらにその5年前、大学に入ったばか

りの頃だったと思う。

友達に「面白い店があるよ」と連れられていった下北沢のヴィレッジヴァンガード。広い店内は雑多な本、漫画、ＣＤや雑貨でひしめきあい、天井からもあらゆる商品がぶら下がり、通路は狭く薄暗く、ジャングルかお化け屋敷の様相だった。雑貨も気持ち悪いものやシュールなものばかりで、窓にべたべたと貼られている日除《ひよ》けの布は、ドクロ柄にマリファナ柄にサイケ柄、その隙間をボブ・マーリーや映画『トレインスポッティング』のポスターが雑に埋めている。そして、売場、壁、床、ありとあらゆるところに黄色い紙に黒マジックで書き殴ったような手書きのＰＯＰが張りめぐらされていて、どの紙にも商品へのコメントがあれこれと書かれているのだが、それは売る気がなさそうな、笑ってしまうような内容のものばかりだった。そんなカオスな空間にテンションが上がった。

親ともうまく折り合わず、学校にもずっとなじめなかった自分には、少ない友達の他には本とサブカルチャーだけが心の支えだった。中学時代に岡崎京子の漫画や渋谷系の音楽に出合ってからサブカル一辺倒だった自分にとって、そこは「好きなものが全部ある！」という驚きに満ちた感動的な場所だった。

大好きな岡崎京子の漫画の近くには、気になっていた魚喃《なななん》キリコや南Ｑ太、やまだないとの作品がほとんど全部そろっているし、男性向け漫画も、欲しかった松本大洋の本以外にも井上三太や大友克洋《かつひろ》のものもある。小説のコーナーも、好きな作家だけじゃなく、今まで見たことがない本や面白そうな本がいっぱいある。それにそれまでは本といえば小説と文庫のことで、建築やアートの本なんてほとんど見たことがなかったのだが、ここではあらゆるジャンルの本が同等に並べられていた。

ここにあるものを全部知りたい、と思った。

それからは中毒者のごとく店に足繁《あししげ》く通い、卒業後はついに憧れが行き過ぎて下北沢に住み始めた。これで毎日下北のヴィレッジに通える、と思うと笑みが止まらなかった。就職活動もうまくいかず、すでに水商売のバイトをしていて食うには困らずだったので、「とりあえず30までは遊んで暮らそう」と決め、絵に描いたような下北在住のフラフラした若者をやっていた。

そんなある日、いつものように店に行くと、入口に貼られていた、

「NEW OPEN! 六本木ヒルズ店 スタッフ大募集」

という紙が目に入った。

「そうだ、どうせ遊んで暮らすならヴィレッジヴァンガードで働くのがふさわしいではないか」

と応募し、採用されたのが入社のきっかけだった。

店長をはじめ、同年代のスタッフみんなで朝から夜まで毎日いっしょに過ごす日々はあまりにも楽しかった。それまで学校や集団生活がことごとく苦手だったのに、毎日バイトに行くのが楽しみで仕方ないということが自分でも驚きだった。当時は金髪、タトゥー、顔ピアスも自由。会社全体に「ダメ人間もダメなまま生きててよし」というやさしさがあった。それに変わっている人が多すぎて、「個性的だね」という言葉が機能しないような環境だったのが、思った以上に自分にとって居心地がよかったのだ。

入社当初は遊びに行くぐらいの感覚で、バイト仲間といっしょにレジに入っているだけで楽しかったのが、だんだん「仕事」をしてみたくなっていた。オープンしたばかりで同期が多かったので、競争心もあった。手書きＰＯＰは誰でも自由に書かせてもらえたので、自分がＰＯＰをつけた商品が売れるとうれしくて、次はもっと文面を工夫してみよう、とモチベーションが上がった。現場にすべての裁量権があり、入社3ヶ月のバイトでも商品の発注を担当していたし、仕掛けて売ることの面白さを体験させてもらう機会に満ちていた。

一方で、ヴィレッジの前から興味本位で始めていた水商売の仕事も面白くなってきていた。ここもまたある種のサブカル色の強い店で、店はゴシックテイストに溢れ、

SM嗜好《しこう》の人や女装の人がよく来るお店だった。私は大勢のお客さんを相手に場を盛り上げたりノリよく騒いだりするのは苦手だったが、ひとりで来ているような暗めのお客さんとは、何のストレスもなく延々と話していられるようなところがあった。

来てくれたお客さんに自分は何を提供できるのだろう、と考えて仕事をすることは、生まれて初めて感じた「仕事のやりがい」だった。指名や常連さんの数など、自分の努力が目に見える形で結果につながっていくのは、自分の存在を認めてもらえているようでうれしかった。

やがてどちらかひとつに絞らなければならないタイミングが来たとき、私はヴィレッジヴァンガードを選んだ。当時は女性店長がまだ誰もいなかったので、それを目指すことが自分の新しい目標になった。

店長になってから、自分の思いのままに店を作ることも、売り上げを出すことも楽しかったが、いつしか興味は雑貨よりも本に傾いていた。入社当初は「サブカルっぽいものが好き」「この雰囲気が好き」という気持ちが強かったのに、仕事するようになってからは「この本の隣にはこれを置こう」「このジャンルの本棚に敢えてこれを置いてみたら」「この本にこんなPOPをつけたら立ち止まってもらえそう」……そんな楽しさを次々と発見していった。「この本は絶対売りたい、内容を知ってもらえたら絶対にたくさん売れるはず」という本を山積みにして自分の言葉で売ることには格別のよろこびがあった。

そして、その売り方は特別に思い入れがある文芸書に限らず、一見コメントしようがない、風景の写真集やレシピ本などの実用書にも応用できることだった。どんな言葉がいちばんこの本の魅力を引き出せるか。そんなことを考えながらその本と向き合っていると、なんてこともないように見えた本の魅力を発見できるようになり、言葉に表すことができるようになっていった。

社内でも自分の本の売り方、ＰＯＰの書き方を高く評価してくれる人が現れ、しばらくのあいだはちやほやされた。ずっと最終目標として社内で公言していた下北沢店の書籍担当や、新業態の立ち上げ、新店舗の本棚の選書をやらせてもらったりもした。

しかし郊外のショッピングモールへの大規模な出店や時代の移り変わりとともに、社内の風向きは徐々に変わっていき、本よりも雑貨に比重が置かれるようになった。雑貨の方が売るのも簡単で利益率もよかった。それに、昔は雑貨といっても何の役に立つのかわからないような、いい意味でジャンクなものやくだらないものが多かったが、いつの間にか流行のキャラクターグッズの導入なしでは、店の売り上げを維持できなくなっていた。

文化度が低くなっていくことを憂う社員も多く、私も変わっていくヴィレッジヴァンガードに危機感を覚えた。社長に直接「本の売場を縮小していく今のやり方では会社の魅力が損なわれてしまう」と訴えたり、出版社や取次と協力体制を作ったり、社内の同志を集めてヴィレッジヴァンガードらしい独自のフェアを組んだりと、あらゆる方向に動き続けていた。けれど風向きは変わらなかったし、保守派のベテラン社員の多くとともに、私も社内での居場所を失っていった。キラキラと輝いていたかつての先輩たちも、いつの間にかほとんどが退職していた。

それでも、ヴィレッジヴァンガードは私に仕事の楽しさ、本を売ることの楽しさを教えてくれた場所であることに変わりはなかった。私の、ヴィレッジヴァンガードへの愛が終わるとは思えなかった。それに人生のほとんどをヴィレッジヴァンガードに捧げていて、もはや引き返し方もわからなくなっていた。

＊

そのヴィレッジヴァンガードに入社してからほどなくして出会った吉田さん。入社当初の10年前は、同じ店の店長とバイトという関係だった。

吉田さんと初めて本の話をしたのは、六本木ヒルズ店のバックヤードで休憩してい

たときだった。唐突に吉田さんが、

「この人知ってる？　めちゃ面白いんだよね」

と言ってわざわざカバンから取り出して見せてくれたのが、その当時出たばかりの穂村弘のエッセイ『もうおうちへかえりましょう』だった。その人のことは全然知らなかったが、吉田さんがそう言うなら何か特別な本かもしれない、そう思って読み始めると、本当に今まで読んだことがないくらいに面白くて、一気にハマった。吉田さんにそう伝えるとよろこんでくれて、それから2人で個人的に本の話をするようになったのだと思う。

結局、六本木ヒルズ店はたったの1年で撤退することが決まった。元からの社員と、この会社に残る意思のあるアルバイトスタッフはその後全国に散り、離ればなれになったが、吉田さんとはたまに連絡を取り合っていた。

「花ちゃん、蜂飼耳《はちかいみみ》って読んだ？」

「吉田さん、ヨシタケシンスケの新しいスケッチ集出ましたよ！」

「前田司郎、初めて読んだけどよかったわ」

「演劇つながりですが、ワクサカソウヘイの中学生のやつも面白いですよ」

そんなふうに突発的に本をすすめる短いやりとりを思いつきで繰り返し、上司と部下という関係性ではなく、少しずつ友達のようになっていったのだ。

黙っていればイケメンだし、実際仕事上はクールで、頭が切れて、いつでも落ち着いていた。まわりからの信頼も厚かったし、私も仕事の上では尊敬していたが、どこかかっこよくなりきらないところがあった。

たとえば段差も何もないところでつまずいたら、普通の人なら照れ笑いをしたりバツの悪そうな顔をするところを、何もなかったかのように無表情で歩き始めるのが吉田さんだった。

「え？　いやいや、今、転びましたよね？」

隣で見ていた私が半分ひやかすように声をかけても、無表情のまま、

「いや、転んでない」

と言い張る。

または大勢の飲み会で、吉田さんが静かにかっこよく飲んでる横で、お調子者の別の社員がみんなを笑わせるようなことを言う。場がどっと沸《わ》き、みんながその人に注目しているとき、吉田さんは誰にも聞こえないような小さな声で、その台詞《セリフ》をそのまま繰り返してひっそりと物真似しているのであった。

みんな、吉田さんの、仕事ができるクールなイメージに囚われて、変な吉田さんのことを見つけていなかった。けれど私だけは吉田さんの穂村弘的な面白さにひそかに注目し続けた。

店長とバイトとして知り合ってから10年後の今。吉田さんは関東地区のマネージャーとして店を定期的に視察しに来る立場だったが、私が仕事で腐ってるのを踏まえてだろう、ある日の視察で、店の売り上げが伸びていることを確認し、売れ筋のキャラクターグッズを入口で大展開しているところを見て「我慢してがんばってるなあ〜」と売場を見て苦笑し、去り際に「次来るとき、何かおすすめの本用意しといてよ」と言って帰った。

私は仕事が全然楽しくなくなっていた。本を売ることに力を入れない会社に不満を抱えてさんざん吠えていたくせに、自分の店はといえば、毎日雑貨をさばく仕事に追われて本棚にまで手が回らず、すぐにおすすめできる本すらない荒野なのだ。吉田さんは遠回しにそのことを指摘し、焚《た》きつけてくれたのだろう、と受け取った。

それに、本来ならもっと地方に飛ばされていたはずだったところを吉田さんが自分の目の届く横浜にうまく異動させて守ろうとしてくれていたことや、私の仕事のミスをいろいろフォローしてくれていたこともわかっていた。そこまでしてもらっておいて。

恥ずかしかった。

次に来てくれたときは、「ここまでしなくていいわ！」と笑って突っ込んでもらえるような、やりすぎなくらいの準備をしておこう。……といっても、やはり本の売場をガラッとよくするのは1ヶ月やそこらでは難しい。どうしよう。

あ、そうだ。店とは関係なくなってしまうけれど、箱いっぱいに吉田さんへのおすすめ本を用意してみる、というのはどうだろう。気がつけば、最近全然本のやりとりをしてなかった。そう思い立ち、10年間の関係を総ざらいし、吉田さんが読んでいた本、好きな作家、性格、発言、これまでした話……思いつく限りをメモして本を選ぶことにした。

そういえば、最近読んだ本でこれは絶対吉田さんが好きなはず、と思った本があったのだった。平野啓一郎の『私とは何か』。吉田さんとは、こういう自意識まわりを扱った本の話でよく盛り上がった。そうそう、それで言ったら、吉田さん、もう本秀《もとひで》康《やす》の『ワイルドマウンテン』は読んだのだろうか？　完結するまでに間があいてしまって、私も最近になって最後まで読んだのだが、あれは絶対に最後まで読まなければならない本だ。まだなら教えてあげなければ。もしかしたら『ポテン生活』もまだ知らないかも？　これも絶対に吉田さんの好きな路線のはず。長嶋有とかは、いくら何でももうチェックしてるかなあ。あと、全然このラインからは外れるけど、最近店に来たときにはショッピングモールのこれから、みたいな話してたなあ。『都市と消費とディズニーの夢』はもう読んだだろうか。私はけっこう面白かったけど……。

考え始めるといくらでも湧いてくるような気がしたが、10冊くらいで止まってしまった。10冊ではちょっとインパクトに欠ける。無理やりでもいいからあと20冊くらい増やそう。そう思い、メモをもとに都心の本屋まで出かけて、さらに紹介できる本を探した。

すべての本を、「吉田さんは○○だから、この本がいいと思います」「吉田さん、この前○○○○と言っていたので、そんな吉田さんにこの本がおすすめです」と理由づけして紹介できるようにしよう。私は決戦の日に備えてひとつの段ボール箱にどんどん本を増やした。「明日行くから」と連絡が来たとき、箱の中の本は30冊になっていた。本を1冊1冊確認しながら、プレゼンの流れと口上を考えては何度も順番を並べ変え、箱から出しては戻して、という作業を繰り返した。

雑貨の不良在庫が山積みの狭いバックヤード。

私は吉田さんの正面に座り、いちばん上の1冊を取り出して「まず吉田さんにおすすめしたいのはこちらです！」とプレゼンを始める。遊びのような気分で始めたことだったのに、なぜかとても緊張していた。気づけば本気になっていたのだ。

本や雑貨の営業を受けることはもう何百回もしていた。けれど本を直接、目の前で営業することが、こんなに嫌な汗の流れるものだったとは。吉田さんはふんふん、なるほど、などと相槌を挟みながら、紹介し終えて渡した本を右に左に分別して置いていく。

「え……それ、どっちがどっちなんですか？」

「まあまあ。あとであとで。いいから続けてよ」

相手の視線、ちょっとした動きやしぐさが異常に気になってしまう。興味を持っているのだろうか？　それとも退屈して聞き流している？　表情から探ろうとするがなかなかわからない。30冊もあるので長すぎては相手も飽きるだろうと思い、途中で軽めの紹介や、出オチのようなネタ本、それから紹介している途中の反応とテンションで「これは……紹介しようと思ったけどそんなでもないかな……やめときます」みたいなことも挟みながら全部を紹介し終える。私はしゃべりすぎて緊張しすぎて、ぐったりしていた。

吉田さんは左右に分けたものをさらに分けたり入れ替えたりしながら、

「じゃあこれを買います」

と、7冊の本を差し出してくれた。上司としての情けかもしれないし、別に本当にはその本、気に入ってなんかないのに買ってくれようとしているのかもしれない。うれしくて泣きたいような気持ちで7冊の本を受け取った。

こんなに真剣に考えて誰かに本をすすめたことはなかった。相手のことを何も考えなくても、理由なんて何にもなくても、本はすすめられる。「とにかく自分が読んで面白かったから」というのはシンプルにして最強のおすすめ文句だし、雑誌や新聞で本をすすめること、もっと言えば店で本を並べて売ることだって、相手を特に限定せずに本をすすめていることだとも言える。

でも、そうじゃなくて……。

その人のことがわからないと本はすすめられないし、本のことも知らないとすすめられないし、さらに、その人に対して、この本はこういう本だからあなたに読んでほしいという理由なしではすすめられないんじゃないかとも思う。

自分が初めて体験し、立ち現れたものが何なのか、よくわからなかった。吉田さんを掘り下げておすすめする本を考えることはすごく面白かったけど、吉田さんは何を受け取ったのだろうか？　うれしかっただろうか？

ただ、興奮の余韻はいつまでも頭から離れなかった。この面白さの正体を知りたかった。

＊

Xに出合って、その使い道を考えあぐねていたとき、なぜかこのときのことを思い出した。またこんなふうに誰かに本をすすめたかった。知らない人に本をすすめることは、もちろんもっと難しいことだとわかっていた。でも、このときの熱狂が、こうして知らない人に対しても自分を突き動かしてくれていたのだ。

第3章

出会い系サイトで人生が動き出す

そんなふうにしてよろよろと危なっかしくスタートしながらも、少しずつ地に足がついてきた私の旅。それでもそれは、初めて見た景色に目を奪われる子どもみたいに、夢中になれるものだった。本をおすすめする手応えはまだよくわからなかったが、それでもその日会った人のことを思い出して、あれこれ悩みながら1冊を絞り出し、メッセージを送ることもまた楽しい作業だった。

高島さんに本をおすすめするまでは。

高島さんは当時流行していた「ノマド」という言葉（言葉自体は今はだいぶ廃れてしまったが）のイメージのままに、日本中を旅しながらスタバにＭａｃのノートパソコンを持ち込んでＩＴ系の仕事をしている人だった。私はそんな人と実際に話すのは初めてだったので、ついいろいろと質問した。話は弾んで、楽しい時間だった。ノマドをしている高島さんの興味はやはり「これからの働き方」と「新しい時代の新しい生き方」にあるようだった。

私は家に帰ってからさっそく、思いつく本を何冊かおすすめするメールを送った。新しい働き方のバイブルとも言うべきレイモンド・マンゴーの『就職しないで生きるには』や西村佳哲《よしあき》さんの『自分の仕事をつくる』、それからこの頃にとても注目されていた坂口恭平さんの『独立国家のつくりかた』、イケダハヤトさんの『年収150万円で僕らは自由に生きていく』、古市憲寿《ふるいちのりとし》さんの『絶望の国の幸福な若者たち』。どれも私が最近読んでとても面白く、感銘を受けたもので、今の高島さんにもきっと役立ってくれるだろうなあ、とワクワクした。

ところが高島さんから送られてきた返事はたった1行のものだった。

「そんな本は、とっくにもう全部知ってます」

それまでの浮かれた気分に冷たい水をかけられたようだった。けれど、同時に目を覚まさせてくれる一言でもあった。

ちょっと考えてみれば当たり前のことだった。彼はいわば「ノマド」の専門家なのであって、そんな人に知識としてノマド的な何やかやをかじっているだけの浅い自分が、その人が「おっ」と思う本をすすめられるはずもない。本をたくさん読んでるなら初めからそう言ってくれればいいのに……と恨みがましく思う気持ちも芽生えたが、自分の聞き込み不足が悪いのだ。

もうちょっと本の話を振って探っておけばよかったなあ、などと反省しつつ、こういう具体的な社会論や働き方の本より、もっと抽象的なテーマを内包していて、高島さんに合いそうな普遍性のある冒険小説なんかの方がいいかもしれない、と思い直し、今度はジョン・クラカワーの『荒野へ』と、リチャード・バックの『イリュージョン』の2冊を追加でおすすめした。しかし、

「それも知ってます」

という返事がすぐに来て絶望的な気持ちになった。もう何を紹介しても同じ返事が来るのではないか……。

考え抜いた挙句、さらなる次の一手を出した。

『23分間の奇跡』という本だ。独裁国家を批判する内容の寓話で、異様に張り詰めた空気の中、小学校のある教室に突然新しい先生がやってきて、その後のたった23分の朝礼の時間内ですべてを変えてしまう。最初は怪訝《けげん》そうにしていた子どもたちも喜ん

で古い教科書を破り捨て、新しい制服を身に着けるようになる……。国家やイデオロギーを抽象的に扱った問題提起の本だが、単純に物語としても独特の気味の悪さが魅力的な本だ。会っているときには政治の話はほとんどしなかったが、なんとなく高島さんの斜《しゃ》に構えたような性格に合いそうな気がしたし、何よりまず「さすがにこの本は知らないよね？」とすがるような気持ちでもあった。

こんな内容の本で、性格的にお好きではないかと思いまして……というメッセージを送ると、すぐに「これは面白そうですね。まったく知らない本でした。さっそく読んでみたいと思います」という、ようやくのＯＫ（？）が出た。当然だが意地悪で突き返していたわけではなく、本当に知らない本を紹介してほしかったのだろうと思う。この本がはたして正解かどうかはわからないが、今までの相手の中でいちばんちゃんと本を欲してくれた人とも言える。

それにしても、本を紹介するということをもっとしっかり考えないといけない。言ってしまえば当然すぎる話なのだが、たとえば村上春樹の熱狂的なファンに村上春樹の新刊をおすすめしても何にもならないのだ。

本をすすめる際に、相手に喜んでもらうための軸になる基本ルール、というか、考え方のチャートみたいなものがありうるはずだ。私はちょっと考えてから、いつでも見られるようにその場でスマホにメモした。

《本をおすすめするときの注意》

- 特定のジャンルに詳しい人にその道の定番本・話題本を紹介しない方がいい
- 本をあまり読んでいない人には、有名な本や名作を紹介してもよい
- 本をよく読んでいる人には、名作・ベストセラーは基本的にNG。マイナーな本や、聞いたことのない本、その人が読む本から遠いジャンルの本が喜ばれる
- ただしその場合も「なぜその人にその本なのか」という理由付けは必要
- どのくらいの遠さがベストなのか――かなり遠いジャンルを求めているのか、その人の好きなジャンルからちょっとずらすだけの方がいいのかは人を見て総合的に判断
- 性別・年齢・職種・趣味というその人のスペックから発想するより、その人の雰囲気から紹介する方がウケることもある（占いとか、「その人をイメージしたカクテル」に近い）

とりあえず今のところはこれくらいか。
また気づいたことがあったら書き足していくようにしよう。

＊

また別の夜のこと。

初めて女の子と会うことになった。知らない異性と会うということにそれほど不安を感じていたつもりはなかったけれど、いざ女の子と約束してみると同性と会うことはこんなに構えずにいられて気楽なものなのだなあと気づく。

大学を卒業して就職したばかりというさやかちゃんは、細くてかわいくて人形のような容姿に快活で気さくな性格を持ち合わせた、最強に素敵な女子だった。

「そんなにかわいかったら、この活動してて口説かれたりして大変じゃない？」

さやかちゃんはけっこう前からこのサイトを利用しているようだったので、思わず聞いてみた。

「そういう出会い目的というか、ただ若い女子に会いたくて登録してる人はすぐわかるんですよ」

と言ってスマホの画面を見せながら解説してくれる。

「まず、この人そういう人かも？という人のプロフィール画面を開いて……それからその人が会いたい人として登録している人を見る。そうするとかわいいっぽい顔写真つきで登録している女の子ばかりがずらっと並んでるのが見れるんです。これで検証終了！　ふふふ」

ためしにセフレ要員のお誘いをくださった最初の2人のプロフィールを確認する。見事にそのとおりで、本当に驚くほど完璧に、かわいいっぽい女子の顔写真とキラキラした名前の女子だけが、2人ともきれいにリスト化されている。

「しかもヤリ手の人はサイトに入ってきたばっかりの人を狙って声かけてますよ。菜々子さんが会ったその2人も、そういう人だと思います」

もはや感動さえ覚えている私の横でさくっと2人を結論づけただけでなく、さらに自分が会った人のリストを表示して、この人ダメ、この人ダメ、この人はいい人、あ、あと、他の人に聞いたけどこの人とこの人もダメっぽいですよ、と次々教えてくれる。

井田さんと会ったときにも感じたけれど、自由活動のようでいて実際には信用社会の縮図なのだ。まあ、異性と会うことに特化していない出会い系サイトならではの事象かもしれないが……。

「まあヤリモクの人でも面白ければ全然いいんですけどね～。いかんせん、そういう人ってなんか話つまんなくないすか？」

というさやかちゃんの言葉にはたしかに同感だった。

その後さやかちゃんとはムーディーなおしゃれカフェとはまったく似つかわしくな

いお互いのバカすぎる恋愛を披露し合って、下品にゲラゲラ笑い転げた。

「私、デブが歌うまいとなんか好きになっちゃうんだよね」

「えー？　菜々子さんどういう趣味ですか？　信じられない」

「わかんない……。なんか大勢でカラオケ行ったときにその人がDA PUMPを歌ってて。私は別にDA PUMP好きじゃないしもう全然ダサいんだけど、その歌い方がセクシーで、なんかそれでその日のうちに家まで行っちゃった。でも次の日になったら、『あれ、どうしてここに？　まさかDA PUMPのせいで？』って」

「えー!!　絶対ヤダ!!　私はわかりやすいイケメン好きなんです。その最上級が私にとっては外人なんですよね。でも日本人のイケメンと同じくらい、いや外人のイケメンはもっと中身ないんですよ！　しかも貞操観念ゼロだし！　でも私が英語の理解力もないから、中身のなさに気づくまでに時間がかかって、だからつきあいが長持ちするのが外人のいいところです！」

「それ、ただの時間の無駄じゃん!!」

「だからもうこういう軽はずみなことがあってはならないと思って、そういうことをしてしまいそうな予感がする日は、ダサいリラックマのパンツを穿《は》いていって、ムダ打ちを防ごうとしたんですけど」

「リラックマ!?　そもそもなんでそのパンツ持ってたの……？」

「友達からタイのお土産にもらって……。でも結局それを穿いてても『ホテルでシャワー浴びたあとタオルだけ巻いてベッドに行けばいいか』ってなっちゃったんで、何の予防策にもなりませんでした！　何かいい方法ないですかね〜？」

そんな調子で閉店時間になって追い出されるまでしゃべり続けた。

数日後、さやかちゃんにおすすめした本はアルテイシアの『もろだしガールズトーク』。

ページを開くと下ネタ感の強い直接的な単語が太字で書かれていて、あまりの強烈なインパクトに思わずページを閉じてしまうようなエッセイ本だ。人前や電車の中では絶対に開けられないが、性を女子の立場から面白おかしく語るその根底には強いフェミニズムがあり、女子が男子からの支配や社会の偏見から逃れ、自分の性を肯定できるように、男性に依存することなく主体的に自分の力で幸せになれるように、という願いがいつも書かれていた。

少ししてさやかちゃんからメッセージが届いた。

「おすすめありがとう！　本、買ったけど!!　あれ家の本棚に置いとくの無理だから〜！　でもめっちゃ面白いね、共感しまくりです。強く生きまーす♪

また冒険のネタ増やしとくんで、ときどき報告会やりましょ☆」

メールの文面からもあの夜に触れたさやかちゃんの明るさとかわいさが溢れていて、読むだけで元気をもらえるようだった。

井田さんやさやかちゃんのように、普通に面白くて、まともな人に会えたこと。いいコミュニケーションをして、いい時間を過ごして、後からがっかりするようなメールをもらうこともなく、自分が紹介したい本が会話の中で自然と見つかって、本をおすすめできること。

すごく難しい、遠い理想のように感じていたことが、少しずつだけど手に入っている。

Xを始める前に感じていた不安や猜疑心は、もうなくなっていた。

*

結局、井田さんやさやかちゃんとはその後二度と会うことはなかったが、Xを通じて出会った人の中には、今も関係が続いている友達もいる。

遠藤さんは映像作家の仕事をしていて、自分より3歳年下の男の人。

原宿に友人と共同のオフィスを構えていて、「この日、ソファーが届くのを受け取ったり、友人のアシスタントが出入りしたりでバタバタしてると思うんですが、よかったらオフィスに来ませんか？　コーヒーくらいなら出せるんで」とのことだった。15時の待ち合わせだったので何かおやつでもと思い、GODIVAのアイスクリームを渋谷のデパ地下で買っていった。

オフィスと言われて無機質な空間をイメージしていたので、カラフルな椅子とテーブル、壁際の飾り棚にはずらりとスヌーピーのフィギュアが置かれていて、ちょっとかわいい雰囲気の部屋だったのが意外だった。

「こんにちはー！　どーぞー！」

はにかんだ笑みを浮かべながら椅子に座るように促してくれる。

小柄で少年のような風貌に、いかにも原宿というような派手なスニーカーと黒縁のメガネが不思議と似合う、人懐っこい笑顔の人だった。

Xで人と話し始める瞬間はいつも緊張するけど、2～3分でその緊張はすぐになくなって、「知らない人」はもう「知ってる人」になる。

それと、Xをやり始めてから自分でも不思議だったのは、話し始めて3分、いやもっと、1分くらいで、その人と気が合いそうか、楽しく話せそうなのか、どんな人なのか、深い話をする前の時間の中でだいたいわかるような感覚が身についたことだ。

遠藤さんのことは会って1分くらいで、仲よくなれそう、多分この人のこと好きだな、と思った。

「これ、おみやげです」

「わあ、すげえ！　ハーゲンダッツ以上の高級感！　カップが金色に光ってるもん。菜々子さん、ビターとミルク、どっちがいいですか？」

「私はどっちでも。遠藤さん、好きな方選んでください」

「えー！　いいのー？　じゃあミルクー！　恥ずかしいけど、俺、味覚が子どもなので。へへ」

自分のかわいさを自覚している人のしゃべり方だなと思ったが、その出し方が素直で好感が持てた。

「っていうか、味覚以外も子どもですけどね。仕事も、サラリーマンとかやりたくないし。楽しいことしてないと死んじゃう、と思うし。お金も欲しいけど、それが目的の人にはなりたくなくて。人生について暗く悩んだりもあんまりしないしなあ。あのね、俺、真剣に物事を考えるっていうのが苦手で」

「そんな感じします。でもいいと思う！　遠藤さんの近くにいたら楽しい気持ちになれそう」

嘘ではなく、すでに遠藤さんのふわふわした空気にあたって、初対面と思えないくらいリラックスしていたし、気持ちがいつにないくらい明るかった。

「えー！　ほんとですか？　うれしいなあ」

「遠藤さんって、自分のことが好きでしょ？」

「わ、さっそく出てますか？　初見で言い当てられてるし……。恥ずかしいなあ。

菜々子さんはわかってくれそうだから言いますけど、たしかに自分大好き人間で。でも、自分もまわりの人も、みんながハッピーだったらいいなあって、それだけなんですよ、思ってるのは」

「それがいちばんだと思いますよ。みんなそうなりたいけど、そうなれないから悩んだり苦しんだりしてるんだと思う」

「ええっ、そうなのかな」

「あ、アイス食べましょう！　溶けちゃうし」

「はーい！　いただきまーす！」

遠藤さんは満面の笑みで、小さなアイスカップに向かって両手を合わせていた。

「全然知らないのですが、映像作家ってどういうお仕事なのですか？」

「うーんと……○○っていうテレビ番組知ってますか？　あのオープニングが僕が作ったやつでいちばん有名かなあ。あとは、たまに若手の売れてないミュージシャンの

MV撮ったりもしてますけど、メインは企業のプロモーション映像とか、そんなんですよ。地味なやつです！」

そうは言うが、スマホでそのYouTubeを見せてもらったら（たしかにインディーズだけどそこそこ知られてるじゃん……！）というぐらいの人ではあった。

それからなぜXをやってるのかとか、10代の頃に友達と撮った映画の話、好きな漫画の話、行ったことのある海外の話、バーニングマンという海外の砂漠でやっている大きなフェスの話……話題は尽きなくてどこまでも次から次へと会話が続いていった。

「菜々子さんはヴィレッジヴァンガードの店長さんなんだよね？　すごいー！」

「いやいや全然すごくないんです」

「あのPOPとか、面白いもんなー！　俺も書いてみたい！　あと変なグッズとか仕入れたい！」

ヴィレッジの名前を出すと、遠藤さんに限らずこういう反応をしてもらえることはよくあって、いつもはこの流れでヴィレッジの鉄板面白ネタをいくつか披露して、笑いを取ることにしていた。

たとえば社内のヒエラルキーでは、顔や学歴がよいことはプラスにはならず、むしろ変なあだなをつけられる危険性があるので有益ではないこと。ヒエラルキーの頂点にいるのはタモリ倶楽部の空耳アワーで何度も採用されている人や、「彼女に生魚で殴られたときが人生でいちばん興奮した」などの面白い性癖を持っている人である、ということ。

それから私が店長になったばかりの頃のエピソード。遅番の子に店をまかせて先に上がったあと、忘れ物を取りに店に戻ったら遅番スタッフ全員がレジ内でソフトクリームを食べていたことがあった。こちらもあまりの驚きに怒ることすらできず、彼らも「これは非常にまずい」と察しながら何しろコーンのソフトクリームなのでどこかへ置くこともできず、全員ソフト片手に棒立ち、という不思議な図になったこと。

会社の重役が全体会議のときに沈痛な面持ちで、「今年会社全体でいちばん売れた商品は……『おっぱいボール』だった」と告げたときのこと……などを面白おかしく話していた。いつもは。

そのときもその話をしようかと思ったが、なぜか固まってしまった。代わりに、「前は楽しかった。でも今はもう楽しくない。だからもう辞めたい」という言葉が口をついて出ていた。

いきなり何を言ってるんだ、と自分でも驚いた。そしてそんなだったので、まるでちょっと怒っているような口調になって響いたのが恥ずかしかった。けれど遠藤さんは気にする風でもなく、

「そっかあ！　じゃあ次は何やるの？」

それが当たり前のことみたいに言ってくる。

いや、こっちはすごいことを言ってるんだよ、今。そんな軽い感じじゃなくてさ、ヴィレッジは私の人生なんだ、他の人が2〜3年働いたテキトーな会社を辞めたいって言ってる話とはワケが違うんだよ、と思ったけど、いや、他人からしてみればそれくらいのことなのに、なんで私はこんなにしがみついているんだろう、と思った。

私だってそうなりたいんだ。じゃあ次何やろっかな、の人に。

遠藤さんのふわふわとした軽さと明るさ。それは本当は私の中にもあって、でもそれが消えかけているようでもあって、遠藤さんの近くにいたら私はそれを取り戻せる、自分の好きな自分でいられる、となぜかそのとき確信するように思っていた。

「遠藤さんはいいね。明るいっていうか、なんだろ、人を妬《ねた》んだりとか悪口言ったりとか、そういうの全然なさそう。私もネガティブじゃない方だと思うけど、遠藤さんは突き抜けてるんだろうな。私も遠藤さんみたいになりたい」

「うそー！　うれしい！　でもそんなことないよ、俺だって、フェイスブックとかで友達が事業成功してるのとか、家建てたとか書いてるの見ると『むかつく！　なんかで失敗しろ！』っていっつも思ってるもん」

ニコニコしながらさわやかに言い放つ遠藤さんの笑顔を見たら、この人のこと、ほんとうに好きだなと思った。

2時間ほども話した頃だったか、ソファーと思しき大きな荷物が届いて運び込まれ、他の人が事務所に入ってきて別の部屋で仕事を始めたようだった。

ふと会話が途切れた。遠藤さんに話を終わらせたそうな様子はまったくなかったが、いい加減仕事の邪魔かも？　でもまだもう少し話していたいなあ、と思った矢先に、

「さて……次は何の話をしましょうか！」

そう言われてちょっとほっとしたような、でも、このちょっと不自然な提案をそのまま受け入れることが、同意書にサインをすることかもしれない、とも思った。

私は少しだけ迷ったが、ちょっと不自然に「あ、そういえばさっきの漫画の話で思い出したんですが」と、そんな重要でもない話題を差し出した。

傍らに開きっぱなしのＭａｃを見ながら遠藤さんが言う。

「あと30分以内くらいに、先方から仕事の素材のデータが送られてくることになってて。それを確認したら今日はもう帰れるんですけど、よかったらメシ行きませんか？」

「わ、いいんですか？」

そして、もう暗くなりかけている夕暮れの街に繰り出して、裏通りにあった煙がも

くもくしている焼肉屋さんに入った。もう何時間も話してるのに、話したいことがまだいろいろあった。そこからさらに小さなビルの中にある狭いバーに移動して終電まで飲む。最後にＬＩＮＥを交換して、駅の改札で、

「楽しかったです。また！」

「こちらこそ。また連絡します！」

と笑顔で別れ、少しだけ足早にエスカレーターを降りる。通路を歩いていると、手に握ったままだったスマホが振動し、ＬＩＮＥの通知が画面に現れた。

「別れたら急にさみしくなってしまいました。やっぱり朝まで遊びませんか？」

しばらく画面を見つめたのち、くるりと方向転換して上りのエスカレーターに乗り直した。

改札まで戻ると、まるで最初から待ち合わせしていた人のように何の照れもなく笑顔で手を振る遠藤さんが待っていた。


とはいえ、２人ともが「これは暗黙の了解でホテルに行くってことですよね」と思うタイプではなかったようだ。

「はあ……さて、合流したはいいけど、どうしますかね」

「うーん。ほんとに。あ、ダーツとか行きますか。もう何年もやってないけど」

ということでとりあえずダーツをやって、そのあとHUBに行ってまた飲んだ。サッカーの試合が中継されていて最初はそれを眺めていたが、飽きてアプリの対戦ゲームをやったり、また話し始めたりしていた。その頃にはすっかり打ち解けて、もうずっと前から友達だったかも、と思うくらいにリラックスしていたし、だらだらと無益に過ごす時間は、永遠に続く夏休みのようだった。そして徐々にうっすら眠気が来始めていた。

「菜々子さん！」

「え、はい」

「すみません、めっちゃ眠くなりました。自分から朝まで遊ぼうって行ったのにすみません。オフィスで始発まで仮眠しませんか？」

「えっ？　いや、いいですけど……」

これってどっちなんだろう？　そういうあれ？　と、向こうの真意を読み取ろうとするけど、そういう「前フリ」がないので何も意図してないようにも感じられる。というか、そもそも、自分はこの人とそういう関係になりたいのか？　どっち？

何十分後に決断をせまられるシーンが来るかもだぞ。

と、二人でオフィスまで歩く道のりでずっと考えたが、最後まで自分の答えがわからなかった。遠藤さんを好きなことは間違いないけど、お付き合い的な関係になりたいのか？　というとよくわからないし、関係を持ってしまうことで逆に気まずくなって遠くなってしまう方がもったいないような気もするし……。

という心配をよそに、遠藤さんはオフィスに入ったとたんに、

「おお！　ソファーができてる！　やったー」と言ってソファーに倒れ込んだ。なかなか起き上がって来ないけどツッコミ待ち？　何待ち？　「わたしも隣で寝てもいい？」の押しかけ待ち？　……と様子を窺《うかが》っているとすぐにいびきが聞こえてきた。

仕方がないので勝手にラグが敷いてあるところに寝床を作って、本棚に差さっていた本を勝手に読む。こういう旅みたいな非日常な夜は大好きだった。

うとうとしかけているうちに電車が動く時間になり、遠藤さんと2人で外に出ると外は思ったよりも明るかった。こんな夜明けの時間の街を見るのは久しぶりだった。カラスが優雅に低空飛行し、歩道に転がる半透明のゴミ袋をつついている。この空の暗い青さも、オール特有の眠気の重たさも、いったいどれくらいぶりだろう。この感じはまるで……17歳くらいの頃みたいだな、と思いながら地下鉄の階段を目指して2人で歩いた。

5時間前に別れたばかりの改札の前でまた向かい合うのはさすがにちょっと照れく

さかった。

「今日仕事?」

「うん。帰って2時間くらい寝れるかも。遠藤さんは?」

「俺も10時から打ち合わせあるから家帰って着替えて……寝るかどうか迷うところ」

「そっか。……じゃあ、また」

「うん」

ここはキスする場面か? それともこのまま? それとも何かもう一言? という逡巡はどちらにも同時によぎった気がする。一瞬の迷いのあと、軽いハグをして別れた。

なんてことのないようなどうでもいい決断で、キスでも、もしくはセックスでもよかったのかもしれないと思うし、そのとき何を選択していても、いつかは同じところに辿りつくのかもしれないとも思う。

電車に乗ると、もう一度スマホをカバンから取り出して画面を確認する。遠藤さんからのLINEは特に何も来ていなかった。少し迷ったが、特に改めて言う意味のない、

「電車乗りました。今日は長い時間ありがとう! 楽しかった」

という文面で送るとすぐに既読がつき、

「こちらこそ！　またー！」

と短い返事だけが来た。

どろっとした重たい眠気の中で、電車に揺られながら一日のことを順番に思い出していた。

自分の気持ちもわからないが、遠藤さんの気持ちもわからない。

遠藤さんのことを好きになったりするのかな？

これから先、もしかして付き合ったりするのだろうか？

自分にそんなことが起きるかもしれないと想像するのは、もうずいぶん久しぶりな気がした。それは明るい未来にも思えたし、なんだかうまくイメージできなくもあった。

誰かを好きになってもいいの？　っていうか、夫はどうするつもりなの？

わからない。わからないけど……。

少しずつ新しい人生が動き出している予感があった。


遠藤さんにおすすめしたのは藤子・F・不二雄の『モジャ公』だ。

これは遠藤さんの「SF漫画で面白いものが読みたい」というリクエストに応えてすすめた本だ。私がいわゆる本格的なSF漫画に詳しくないのもあるが、私は藤子・

F・不二雄のベスト作品はこれだと思っていて、未読であればぜひ読んでほしかったのだ。もともと小学校高学年向けの雑誌に連載していた漫画だったので、内容もかなり大人っぽく、自殺や洗脳や宗教といった社会的な問題をふんだんに盛り込んで、なおかつ宇宙冒険ものとして楽しく読ませる名作だった。遠藤さんはヒップホップが好きでライムスターのファン、という話もしていたのだが、全集では藤子・F・不二雄ファンの宇多丸が解説を書き、私と同じく「モジャ公が藤子不二雄作品のベスト」と持論を語っていたので遠藤さんにぴったりだと思ったのだ。

紙の本は買わないと言っていた遠藤さんだったが、その後「アマゾンで買ったよ！面白かったー！　ありがと！」と、短いメールをくれた。

＊

人と会いまくる一方で、夫とも平和的解決を模索するために、別居後も月イチくらいのペースで会って食事をしたりしていた。でも2人とも問題の本質に踏み込むのは怖くて、当たり障りのない会話ばかりをしていた。何かのお祝いというわけでもないのに、普通の食事では楽しさが生まれないような気がして、無意味にちょっと高いものを食べたりした。

この食事会に、何か意味があるのだろうか。

そう思いながら、状況を動かすのがどうにも面倒で仕方なかった。ただただ保留にしていたかった。食事をして、まるでただの友達か何かのように駅で別れると、言いようのない疲労感が心に残った。

夫といるときの歯切れの悪い自分より、仕事を辞めたいと言いながら辞めようとしない煮え切らない自分より、Xをやっているときの、無謀に未知に立ち向かっていく自分の方が好きだな、と感じた。「なんかそれにしても変なことやってるよな」という、自分に対して笑ってしまうような気持ちも含めて。

＊

シンプルに「素敵だな」と思える人との出会いはどんどん増えていった。たまたまなのか、こちらの信頼度が上がったからなのか、もしくは自分が人を「素敵だ」と感知したり、素敵さを引き出す技術が向上していったのか。

尚ちゃんもそのひとりだった。

この魑魅魍魎《ちみもうりよう》百鬼夜行のように思われたXの世界で、野に咲く花のように明るくてほんわかしたムードの女の子。長年働いていた会社を辞め、フリーの写真家として独立するための準備中だという。

明るく、やさしく、聞き上手で、ポジティブシンキングで、努力家で。さやかちゃんとはまったく違うタイプだったが、やはり同性の人とはよりいっそう安心して打ちとけることができて、話も弾んだ。2人で話している短い時間のあいだにも、私の話し方、発想、考え方……自分でも気づかないようなことに「そういうところが菜々ちゃんのいいところだね」とすぐに褒めてくれた。そこにわざとらしさはまったくなくて、尚ちゃんの自然な「肯定力」はまるで神からの贈りもののように感じられて素直に憧れた。

そんな尚ちゃんが「この人には絶対会ってみた方がいいよ！」とおすすめしてくれたのがユカリさんという、コーチングをやっているという女性。会っている時間の中で、無料でコーチングのセッションをしてくれるという。

「コーチングって何？　なんか自己啓発みたいな感じ？　『私はできる、私はできる』とか鏡に向かって連呼したりするやつ？　怪しくないの？」

「ぷっ……菜々ちゃん何の話してるの？　大丈夫、怪しくないよー！　自分の心がわかるって感じなの」

それでさっそくユカリさんと会うことになった。新宿西口のタリーズで、いちばん奥の席で待ってくれていたユカリさんは、一言話しただけで安心な気持ちになるようなやさしい声と笑顔の人だった。

ひととおりお互いの自己紹介やこれまでのことを話し終わると、ユカリさんがコーチングについて簡単に説明してくれる。

「よくカウンセリングと混同されがちなんだけど、カウンセリングが話をきいてあげて整理してあげたり、解決策を提案してあげるのに対して、コーチングは自分で気づく、自分で決めるって感じかなあ」

「自分でわからない自分のことが、どうしてわかるようになるんですか？」

半信半疑というのでもないのだが、自分で答えが出せるなら人が介在する意味がわからないではないか。

「実際にやってみましょう。さきほど菜々子さんの現在置かれている状況については少しお伺いしましたが、今いちばん悩んでいることは何でしょうか？」

「うーん……悩み、というほどでもないんですが。これから自分がどうしたいっていうのが、全然わからないです。夫とも別れたいのか、やり直したいと思っているのか自分でもわからなくて、とりあえず今は決めずに1年様子を見てみよう、それで決めよう、と思ってるのですが。仕事も漠然と今の会社を辞めたいような気持ちはありますが、どうなりたいとか何をしたいっていうのがわからなくて」

　別に深刻に思い悩んでるというわけではなく、なんだかぼんやりとした悩みで申し訳ないような気がしつつ、お願いすることにする。

「わかりました。では始めましょう」


「目をつぶって……広ーい部屋に菜々子さんひとりで立ってるところを想像してみてくださいね。菜々子さんの立っているところはそこだけ色が違う1メートル四方の四角いタイルになっています。そこが今の菜々子さんを表しています。

　今、そこに立っている菜々子さんはどんなことを感じていますか？　まとまってなくても、間違ってても、何でも大丈夫ですよ。思ったことを話してみてください」

「不安です」

「どんな不安ですか？」

「漠然と……」

「漠然としてるんですね。こういうことが理由かも、っていうのを少し探してみましょうか」

「これからどうなるんだろう、という……」

　明らかに的を射ていない答えだな……、いい答え出ないよ……、と思っていたが、突然スイッチを押されたように言葉が急にどっと押し寄せ、口から溢れ出した。

「友達もいるし、仕事も嫌なことばっかりじゃないし、楽しいこともいっぱいあったんですけど……結婚もそうだし、失われていくというか、今あるものが何も残らないような気がして……」

「うんうん、何も残らないようで不安なんですね」

「でも、それでいいと思ってるんです……いつまでもなくならないでほしいってしがみついて執着するのは嫌です。だけど……この先にそれに代わるようないいことや、やりたい仕事や、いっしょにいたい相手が見つかるだろうと思えない………」

話しながら、自分でもびっくりするくらい号泣していた。

「学生時代の友達もほとんどいません。今の会社は変わった人たちばかりだから、その中では生き生きとすることができたけど、会社の外に出たら、いわゆる『普通』の人たちの間ではやっていけないんです。昔からずっとそうなんです。普通の人たちに合わせることが嫌なんじゃなくて、本当にできないんです。だから会社を辞める気持ちに踏ん切りがつかなくて……あの会社の人たちといられなくなったら、自分らしくいられる場所があるのかわからないです。仕事も、人も、それくらい自分にとっては合っていて、ヴィレッジヴァンガードっていうものが、自分の中でほとんどアイデンティティーみたいになってしまってて。そのことは自分の人生にとってすごくよかったんですが、でももう長くはいられない感じにどんどんなってきてて。そこまで思ってた仕事から離れて、今までみたいにまた楽しくやれることを見つけて……やっていけると思えない……」

涙は相変わらず止まらず、ほとんど嗚咽《おえつ》になっていた。何これ。大丈夫？　私、情緒不安定？　催眠術みたいなものにかかってるのかな？　いや、四角いところにイメージ的に立っただけで、催眠術だったらかかりやすすぎるよ。しかも初対面の人の前で、人の多いタリーズの店内で、恥ずかしすぎる。どうしよう。

「すいません、すいません……涙が……」

「大丈夫ですよ。話せるようなら続けてくださいね」

しゃべろうとする言葉はあるのに、しゃくりあげてしまっていて呼吸が苦しく、普通に話すのは困難だった。話そうとすればするほど涙が溢れた。ユカリさんは慣れているのか、驚いたり困っている様子を少しも見せずに平常心で静かに聞き続けてくれた。

「では、次に5メートル先に同じ色のタイルがもう1個あります。そこまで歩いていってみましょうか。今みたいに、またそのタイルの上に乗ってみてください」

このタイルのイメージにそこまでの効果が……？と泣きながらも冷静な自分が感心しつつ、言われたとおりに頭の中でそのタイルの場所まで歩いて進む。

「ここは1年後の菜々子さんのいるところです。菜々子さんは1年後にこうなっていたいという、『なりたい自分』になることができました。菜々子さんは、どうなってますか？　何を感じていますか？」

「1年後……なりたい自分……」

今度は言葉がぴたっと出なくなった。なりたい自分なんてわからない。しばらく考えるが、何も言葉を出すことができない。

問いを何度も変え、ユカリさんが聞き続けてくれる。

「まわりはどんな景色でしょうか。どんな人がまわりにいますか？　見えるものや聞こえるものがありますか？　菜々子さんは今よりも、どんな気分になっているでしょうか」

不意にぱっと思い浮かぶ映像があったが、いやいや、とすぐにそのイメージを打ち消す。他人を自分の幸福の根拠にするのは間違ってる。自分の幸福の根拠は自分にあるべきで、自立的なものでなくては。

「今、ちょっと思い浮かんだんですけど、こういうのはちょっと違うと思うので……えーと、何だろう」

「思ったことに正しいとか間違ってるとかはないんですよ。他の人が顔をしかめるような価値観や、変なことでもいいんですよ。だってそれが菜々子さんの、やっと顔を出してくれた本当の思いかもしれないですから」

　しかしそれを口に出すのはなぜかとても抵抗があった。ユカリさんはずっと根気よく待ってくれていた。しばらくして、

「今よりももっと素敵な人たちに囲まれて、楽しくしています」

　振り絞るように、なんとか一言だけ声に出した。

「えっ、すごくいいことじゃないですか」

　そう言われて、あれ？　たしかにそんなに変なことじゃない、なんでこんなに言い渋ったんだろう、と思う。頭から口先を通るときに、言葉の意味がまるごと変わってしまったような不思議な感覚だった。言うまでは、他人の素敵さやオーラを拠《よ》りどころにして自分をなんとかよくしてもらおうという気持ちがなぜか浅ましいような気がしてしまっていて、恥ずかしくて、そんなことではだめだと思っていたのだ。

「もう少しだけ聞かせてください。その人たちのどんなところが素敵だと菜々子さんは感じたんですか？」

「会社の愚痴とか、あきらめみたいな話ばっかりじゃなくて、もっと楽しく仕事していて、自由な心で生きていて、前向きで、自分が知らない世界のことをいっぱい知っていて、服とかもセンスあってかっこいいというか、全身ブランド、みたいのではなく、意味がわからないファッションみたいだったりして、でもそれがむしろかっこよ

くて、みたいな」

また自動口述みたいになっていて、それをもうひとりの冷静な自分が聞いている。最後の服の話とか、もう何を言ってるのかよくわからないが、ともかくそれが私が求めていることなのだ。意味のわからないファッションセンスの人と友達になったりすることが。

「とっても素敵だと思いますよ。じゃあ最後の問いにしましょうね。菜々子さんは、その人たちに囲まれていて、どうして楽しいと感じているのでしょうか」

どう考えても普通の質問をされているだけなのに、言葉がぐさぐさと刺さってくるようで、涙がとめどなくあふれた。

「自分も今と変わっ……て、そういう……人たちと………対等に付き合え………る自分に……自分がもっと……」

また号泣していて、もう自分でも何を言っているのか全然わからなかった。

振り返れば、自分のことを人に話すのはいつも苦手だった。

つい素敵ぶって、楽しぶって、明るく振る舞ってしまうのは、人生がうまくいっているように見せたかったのもあるし、つらさを人に話しても、言われた側は困るよね、そんな話を聞かされても面白くないよね、という遠慮の心が根っこから沁みついていたのもあった。

「私は別につらくないよ」「楽しいよ」

と言ってしまう癖。そして自分でもその言葉が本心だとずっと思っていた。


コーチングを終え、私が落ち着くのを待ってもらって、照れ隠し半分で少し世間話やコーチングのことを聞いたりしたあと、タリーズを出た。新宿駅までいっしょに向かう途中で、ユカリさんがふと、

「これから家に帰って、またお客さんとスカイプでコーチングなんですよ」

と話してくれる。

「それは、お仕事としてやってるものなんですか？」

「そうですね。その人の場合は、3回で4万円のお約束で何度か続けてます」

けっこう高いんだなあ、と思ったが、いや、今日これだけわんわん泣いたことを思えば、適正価格かもしれないという気もしてくる。

「今日はタダでコーチングをしてくださったじゃないですか？　無料のときと有料のときではやる内容が違うんですか？」

「いえ、内容は変わらないですよ」

「そうなんですか。あの……失礼な言い方ですが、Xでいろんな人に無料でコーチン

グをしているのは、有料のコーチングの宣伝のため、なんでしょうか？」

「うーん……もちろん気に入っていただけて、有料でも受けてくださったらそれはうれしいですけど、そのためにってことではないんですよね……。好きだから。コーチングするのが好きだから、無料でもやりたいし、有料でもやりたいな、って思うんです」

それは今まで聞いたことがない考え方だったので衝撃的で、すぐその場では消化できなかった。

家に帰ってから改めてユカリさんの言葉を反芻《はんすう》した。

「仕事」と「お金」と「好きなこと」の関係性については誰もが悩み、それぞれの答えを持って行動しているのだと思う。

「好きを仕事にしたい、だからそのことでお金を稼げるようにならなきゃ。でも今はまだ有名じゃないから無料でやって実績を作ろう、そして無料で提供してあげた人たちに口コミで広めてもらおう」というビジネスはよく見かける。

あるいは、「まだ技術が不十分だから無料で練習しよう」という人もいるだろうし、逆に「好きでやってることだからお金は儲《もう》からなくていい」と言っている人の話もよく聞く。

でもきっと、ユカリさんはコーチングすることが心から好きだから、無料でも有料でもやっているんだろうなと感じたし、きっとこれが天職というものなのだろうと思った。

ビジネスやマネタイズのことを考えないでいることが素敵だとは思わない。ただ、私もユカリさんみたいな気持ちでこの世界に向かっていたいなと思った。

私の天職は何なんだろうか。それはヴィレッジの中にしかないものなのか。それとも本屋が天職なのか。いや、そんなことよりももっと低いレベルの話で、単に自分でいられる場所がないから、なんとか自分がやっていける場所がほしいだけじゃないのか。でも、私だってもう「自分が自分が」という、自分が世界の中心だった10代の頃はとっくに過ぎている。私だって誰かの役に立ちたいのだ。

ユカリさんのように。

「ユカリさん。先日はコーチング、本当にありがとうございました。たくさん泣いてしまってすみません。でも自分では気づくことができなかった不安の正体に直面することができて、とてもびっくりしたけど、いろいろなことが腑《ふ》に落ちました。

ユカリさんの仕事に対してのスタンスにもすごく揺さぶられました。ありがとうございました。ユカリさんのような気持ちで仕事をしていきたい、という新しい目標ができました。

ユカリさんにおすすめしたい本は、伊藤比呂美と枝元なほみの往復書簡『なにたべた？』です。この本は、詩人と料理研究家の40歳過ぎの女性2人が、仕事に、家庭に、子育てに、恋愛に悩みながら、静かな真夜中の台所でファックスに思いをしたため、送り合ったものの記録なのですが、その内容が本当に素敵なんです。私が初めて読んだときはまだ20歳くらいだったので『大人になってもこんなに日々悩んだり苦しんだりするのか』と不思議でした。

それから時が経ち、今では、悩みのない大人より、こんな風に悩みながら自分の人生に向き合い、女友達といっしょに笑ったり泣いたり、人生を思いっきり生きられることの方が素敵なのだと思えるようになりました。

ユカリさんとお話させていただいて感じた強さややさしさがこの本と似ている気がしました。生きてるっていいな、と思わせてくれる本です。２人が日々のことのあいまに差し挟む、夕飯の献立や、作って食べておいしかったもののレシピがまた生活を感じさせてくれていいんです！　もしよかったらぜひ読んでみてください」

第4章
ここはどこかへ行く途中の人が集まる場所

Xで人と会うようになってから、ヴィレッジよりも、その外の世界の方が濃くなっていた。休みの日に外側の人と会うと気持ちが上向いたし、出勤するとうんざりするような毎日が待っている。クレーマーみたいなバイト、全社的にやらないといけないことに決まったやっつけの新しい施策、どうせ何をやっても無駄だよと冷笑的に話すことにどっぷり慣れてしまっている社内の人たちとの会話。

全部今までもあったことだけど、それでも今まではヴィレッジヴァンガードというものと社内の人たちが好きで離れたくない気持ちが半分、「辞めてもここよりいいところなんてない、自分に他にできることなんてない」という気持ちが半分で、本気で出ようと思ったことがなかった。

だけど遠藤さんに明るく「次は何やるの？」って聞かれて黙り込んでしまったこと

や、ユカリさんとのやりとりの中であんなに泣いてしまったこと、人に本をすすめて喜ばれたり喜ばれなかったり、それでも「あの人にこの本って絶対いいわ」とニヤニヤしながら本をおすすめするメールを書くこと……いろんなことが1ミリずつ自分を波打ち際に押し出していた。

なぜあんなに、辞めたいけど無理だ、と思い込んでいたのか今ではわからなかった。もう辞めるしかないところまで来てしまっている。辞めずに今のままでいても、ユカリさんに見せてもらったような素敵な1年後がある気がしない。でも、じゃあ、辞めてどうするのか？　それがないから結局辞められないのだ。

ああ、今みたいに人に会って本をすすめること、お金になったりしないかな。……なるわけないか。

そんなことを考えながら、とりあえず、憑《つ》かれたように人に会って会って会いまくった。そして知らない人と会うことはもはや生活の一部になっていった。

休みの前の日になるとXのページを開き、面白そうな人がトークを登録していればそこに申請する。そうでなければ、横浜よりは渋谷や新宿の方が人が見つかりやすいので、「明日はあの本屋でも観に行こうかな」「そうしたらついでに新宿でバーゲンでも見ようかな」というように予定を立て、それに合わせて場所と時間を決めてトークを登録する。そうすると家を出る時間がおのずと決まってしまうので、休日を家でダラダラと無駄にしてしまうことがなかったのもよかった。

前野さんは医大生だが、このままレールに乗って医者になることに疑問を感じているという。

「医療自体には興味があって、研究したいとかそういう気持ちは変わらないんですが、医療界の閉じた世界というか、古い体質というか。合わないなー、と思うんですよ。高校のときの同級生が『起業する』って言い出してたり、アフリカに学校を建てる、とか言ってるのを見るとすごくうらやましくなるし、僕も何かやりたいなー、って思って。あと、全然別なんですけど、学生のうちに世界一周してみたいと思っていて。それで世界一周している人のブログを熱心に読んだりしていて」

いかにもエリート医大生、という雰囲気だったので、前野さんの興味の方向はちょっと意外だった。

「それで、世界一周した人のトークイベントに行ったときにですね、その人からザンビアの紙幣をおみやげにもらいまして。わ、これは大事にしよう、って思ったんですけど、そのとき閃いたんですよ」

「おお。何ですか?」

「『わらしべ長者』ってあるじゃないですか。あれをやってみたらどうかって。ザンビアの紙幣から出発して、会った人にもっといいものとどんどん交換してもらって。最終的に世界一周の航空券になるのをゴールにする。それで世界一周に行こうかなって」

「えー、めっちゃ面白いじゃないですか！」

私以外の〝バラエティー企画型〟の人に初めて出会った瞬間だった。

「実は私も、会った人に本をすすめる、っていうのをXでやってて。似てるなって」

「あ、そうですよね、なんか近いですねえ。僕、何でも『どうせなら』ってオプションをつけたくなるタイプというか。ただXをやっててもつまらないじゃないですか。世界一周の航空券なんて、バイトをがんばれば普通に買えるんですよ。でもそれじゃつまらないからもうひと工夫したくて」

「それいいですね。ただやってもしょうがない、か。いいなあその発想。あ、それで、ザンビアの紙幣は今何になってるんですか？」

「今日持ってこれたらよかったんですけどね……。紙幣が栓抜きになり、軽量折り畳み傘になり、トースターになり、デジカメになり、今スーツケースになりました」

「すごい！　めちゃめちゃわらしべ長者感出てるじゃないですか！」

私もつい参加してみたくなり、とりあえずカバンの中を探してみたが当然スーツケースよりランクアップする交換物は入っていなかった。

「これってわらしべ長者やったことある人にしかわからないと思うんですけど、ここからが難しいんですよ。全然交換が進まなくて」

たしかに、と思ったが、そもそも「わらしべ長者あるある」って、共感できる人少なすぎるだろう、と思い、地味に面白かった。そんな話を真面目にしている前野さんには、応援したくなるような何かがあった。

「わらしべが進むいいアイデア、ないかなあ。スーツケースを気軽に交換できるキーホルダー100個とかと交換して弾数《たまかず》を増やすとか？　いや、キーホルダー100個なんて普通に考えたらゴミでしかないか……」

「うーん、でも僕もモノをばらしていくっていうのがベターなんじゃないかとは考えていてですね……」

こんなアイデアを、ああでもない、こうでもないといっしょに笑いながら話す時間は、自分までこの旅に参加させてもらってるようでとても楽しかった。

前野さんに本の話を聞くと、『深夜特急』と『荒野へ』が大好きで何度も読み返しては旅への想いを膨らませているという。ならば紹介する本は『オン・ザ・ロード』以外にはないだろうと確信した。安定した生活を拒否して自由な旅に出る若者たちを描いたケルアックの小説で、50年ほど前に出版されたのだが、今もバイブルのように大切に読んでいる人が多い本だ。きっと世界一周のとき、アメリカを旅することが楽しくなるに違いないし、普通に医者になることだけに収まらない前野さんの気持ちに重なってくれそうだと思った。

*

牧さんはもともと語学系の出版社に勤めていたのだが辞めて、今は英語の塾講師をしたり、語学学習の本のゴーストライターをやっているという。

「タレント本とかならゴーストがいるのもわかりますけど、そんな世界にもゴーストって存在するんですね」

「ありますよー。一応その世界で有名人だったりすると。でも今やってる本の著者、すっごく横柄で嫌な奴なんですよね。早く終わらせたい。それで自分の本を書くのが夢です」

「語学学習の本ですか?」

「そうです。……TOEICってわかりますか?」

「ああ、受けたことはないですけど知ってますよ」

「僕、TOEICが大好きなんですよ!」

牧さんがとびきりの笑顔で答える。何だそれ。これだからXで人と会うことは楽しい。思わずこちらも愉快になって聞き返す。

「あれって好き嫌いが発生するようなものですか？　斬新な意見ですね」

「ＴＯＥＩＣを愛してやまない人たちのことをTOEICer《トーイッカー》って呼ぶんです。けっこういるんですよ。もちろん僕もそのひとりです。僕かれこれ5年くらい毎回受けてるんです。それで満点を取ることが僕の生きがいなんです」

「ほんとですか⁉　それ面白いですね。あれって、でもそもそも満点ってそんなに出るものなんですか？　聞きかじりの知識ですが、７００点とかで就職に有利とか、そういう感じでしたっけ？」

「いや、満点は簡単には取れないんですよ。取れるのは2回に1回くらい。毎回９７０点くらいは取れるんですが、満点が難しい。だから挑むんです。登山みたいなもんですかね？」

「もうそこまで点が取れるなら、語学習得という意味では不足はないわけですよね？」

「コンプリートしたいって思うオタクに近い心理なのかな、と思いますけどね。でも毎回満点取れるようになったらそれを武器に仕事していけるとも思いますし。勉強に終わりはないので、今でも毎日2時間は勉強してます」

確固たる信念を持って、人と違う価値観を生きる人を見ると、なぜ元気になれるのだろう。牧さんはただ自分の好きなことをしているだけなのだろうが、話を聞いているだけでワクワクした。

「あの、ゴミみたいな質問で恐縮なんですが、英語を話せたらいいなっていう気持ちはあるんですけど、まったく勉強ってしてないんです。勉強を続けるためのコツみたいなものってあるんですか？」

「多くの人が悩むポイントだと思うんですが、要はなんとか習慣にしてしまえばいいんですよ。毎日歯を磨くことが習慣づいていたら、毎日『これから歯を磨こうかな？どうしようかな？　今日は磨くのやめようかな？』って悩まないですよね。それに尽きると思います。……といっても、多くの人にとってそれが高いハードルであるということは理解してますが」

もっともすぎるのだが、できる気がしなさすぎてただ頷きを繰り返すしかなかった。

「逆に、菜々子さんはどうして本をたくさん読めるんですか？　高い志とか、強い意志があるからですか？　違うんじゃないですか？」

「ああ、たしかに。生活の一部に組み込まれてる感じかも。でも本は娯楽というか、読みたくて仕方なくて読むものですから、勉強とは違う気がします」

「僕にとってはそれがＴＯＥＩＣなんです」

やりたいことに邁進している人はさわやかだ。私もこうありたい、とまた思う。

牧さんとはその後、同い年であることがわかり、そこから「今が青春だよね、おとなの方が青春だよね」という話でなぜか意気投合し、牧さんの努力を惜しまず上を目指し続ける感じ、これはきっと山田ズーニーの本がハマるに違いない、と『おとなの小論文教室。』をおすすめした。

ズーニーさんが読者とのメールのやりとりの中で、仕事とは、やりたいこととは、コミュニケーションとは、という答えのない問題に愚直に向かい合い続ける過程を書籍化したもので、まっとうに問い続け、前へ歩き続けることの素晴らしさを教えてくれる本だ。

牧さん自身が自分を掘り下げたいときにも役立つだろうし、仕事相手である学生さんと話したり、悩みをきいたりする立場から見てもダイレクトに役に立ってくれそうな本だと思った。

＊

こんなふうに、自分の普通の生活の中では出会わない人の、知り得ぬ話を聞くのは最高に面白いことだった。自分が働き方のことで悩んでいたから、よりそれぞれの人の話が切実に心に響いたのかもしれない。

Xに登録している人は全体的に「IT」「起業」「フリーランス」といういずれかのキーワードを抱えて生きている人がほとんどだったので、逆に本屋と雑貨屋のチェーン店で店長をしているなんていう人間はあまりXに存在せず、珍しがられるのもかえって新鮮だった。店で働いていることが珍しいと言われるなんて、想像もしていなかった。そしてそういう自分ですら、ごく普通のサラリーマンに会ったりするとやっぱりもの珍しく思って「えっ、どうしてそんな普通の人がXへ？」などと聞いて、「いや、菜々子さんだってそうじゃないですか」と苦笑されたりした。

それにしても、実際にお会いすると、プロフィールから想像していたのと違うイメージの人が来ることが多かった。SNSのイメージなど盛っているに決まっているが（しかも起業に関わっている人ならなおさらだ）、人って実際に会ってみないとまったくわからないものだな、と誰かに会うたびに思った。だから実際に会わずに、ネットのやりとりだけを介して本を紹介するということには興味がなかった。

たとえば田口さんは「起業目指してる大学生です！　情報交換しましょう☆　面白いこといっしょにやりましょう!!」と、プロフィール上はいかにもチャラそうな男子。Xで会うことになったひとりだが、なぜか待ち合わせ場所にルノアールを指定され、私が時間に遅れて着くと、業者のように椅子から起立して90度のお辞儀をしてくる。過剰な礼儀正しさや生真面目な雰囲気はプロフィールのイメージとは真逆だった。

　挨拶が一段落した頃、おそるおそる聞いてみた。

「あの、この商談っぽさは何なんですか？　別に私、田口さんのお客さんじゃないし、お辞儀とかいらないのでは……」

「あれ……これ、変ですか？　何か失礼でした？」

「いや、すごく丁寧ですが、今ビジネスの場面じゃないから……」

「うーん……まあ、そうかもしれないですけどね。でも何かのお仕事につながることもあるかもしれないわけですし……。菜々子さんは違うかもしれないですが、僕は起業のための人脈作りとか、仕事相手として僕を買ってくれる人と出会いたいんです。だから信頼していただけるような態度でいたいんです。場所をルノアールにしているのもそういった理由でして。だって、たとえば菜々子さんが日給1万円で自分の仕事の手伝いをしてくれる人を探すときに、マックで100円のファンタ飲んで待ってるやつに頼みたいと思いますか？」

　私ならそんなところで判断しないけど、と思ったが、田口さんの哲学も彼の行きたい世界にはあるのかもしれない、と思い、それ以上は邪魔しないことにした。

　田口さんはしかし、そのルノアール代のために朝の5時からスーパーの野菜係としてバイトしてから学校に行くので、慢性的に睡眠不足だという。

「だけどスーパーで半分寝ながら野菜切ってる、みたいな話は貧乏くさいからしたくないんですよ！　デキる起業家っぽく、スマートに見せたいんですよ！」

「うーん……私には、その努力家っぽい部分の方が却《かえ》って魅力的に見えるけどなあ」

その試みに効果があるのかはわからないが、意味がないとは思わない。私が「不思議ちゃん」としてデビューしてここでなら自分をやり直せる気がして行動を始めたように、ここはみんなの「こうなりたい」という願望を試すための実験場でもあるのかもしれない。私は田口さんを応援したかった。自分と同じに見えたからだ。

田口さんには水野敬也《けいや》の『「美女と野獣」の野獣になる方法』をおすすめした。いわゆる恋愛テクニックの指南書で全体にフザケ感の強い本だったが、ふざけて書けば書くほど、避けて通れない、著者の持つ異常なほどの真面目さがにじみ出て、最後に爆発する名著だった。その真面目さが田口さんと似ていると思ったから、この本に出合ってほしかった。

＊

あみちゃんは小柄で美人で、ホットパンツの似合うセクシーな女の子だった。ちょっと甘えたような声と頼りなさそうな雰囲気で、いかにもモテそうな反面、どこか不安さや暗さを感じさせる人だった。手首にはいくつか傷跡があった。そういう人特有の人懐っこさであみちゃんは話し始めた。

「私は全部を失っちゃって。今、福祉のお世話になってるところなんです」

同棲していた恋人のＤＶから逃がれるために、友人を頼って３ヶ月前に家出したのだという。家財はもちろんのこと、住む家自体がない。恋人は職場である居酒屋の店長だったので、仕事もなくなった。居場所がばれるのが怖いので同僚とも連絡が取れず、ＳＮＳにも場所が特定されるようなうかつな投稿はできない。貯金は「結婚式の資金にするため」という名目で恋人に管理されていて、下ろしたり持ち出すことはできなかった、という。

なかなかにヘビーな状況だった。

「でも友達の家にもさすがにずっとはいられなくて。私は親とも仲が悪かったので、誰も頼れなくてもうホームレスみたいな状態になってしまったんですけど。Ｘを知ってからは、Ｘに登録している女の人の家を転々とさせてもらったんですよ！　みんな、ほんとに見ず知らずの他人に対して壁がなくて。感謝しかない……。なんかね、お金も住むところもないって言ったら、やっぱりもう風俗行くくらいしか道がないんだろうなって思うじゃないですか。もしくはサラ金で借金して、部屋を借りる？　でもそんなの、どっちみち普通のバイトじゃ返せないですよね。でもXで会った千華さんという人が『行政がなんとかしてくれるかも』って教えてくれて。それで今、介護職につくための学校みたいのに通わせてもらいながら、住むところも面倒見てもらってるんですよ。念願のひとり暮らしです！」

「へえ、そうなんだ！　でもすごいね、生活保護とかは知ってるけど、家とか仕事までなんとかしてくれるものなんだ、私も知らなかった」

「ね、そんなの聞いたことないですよね。あぶなく風俗デビューしてしまうところでした」

あみちゃんは話せば話すほど明るく楽しくて、普通に仲良くなれた。私はあみちゃんほどハードな状況ではないが、それでも普通だったらかわいそうだね、大変だね、と言われそうな立場で妙にのびのびしているところが2人の似ているところだった。勝手な思い込みかもしれないが、Xのまわりには、「不幸なやつは不幸そうな顔してろよ」という無言の圧力がない気がした。

あみちゃんは「暗くてグサッと刺されるような、自分をまるごと持っていかれるような作品を読みたい」ということだったのでジョージ秋山の『捨てがたき人々』をおすすめした。これは私も初めて読んだ直後、何も手につかなくなるほどの衝撃だった本だ。セックスのことばかり考えている何の取り柄もない男を中心に、幸せになろうともがけばもがくほど足を取られる男女の姿を描いているのだが、その様子がかえってどんな人間でも許してくれる人間賛歌のようでもあり、奥深い作品だ。極限まで暗い作品にしか救えない人の心もあるから、この作品があみちゃんの心を癒してくれるといいなと思った。

ここにいる人は、みんな「どこかへ行く途中」の人だ。たとえば仕事に満足していて、家庭や恋愛もいい状態が保たれていて、このままでいたい、満たされている、という人とはここでは出会わない。仕事を辞めたばかりだったり、起業や転職という人生の転機を迎えようとしていたり、今の自分の状況に違和感があって何かを変えなければと思っていたり。

みんなが不安定さを礼儀正しく交換し、少しだけ無防備になって寄り添ってるみたいな集まりだった。

と思ったけど、もしかしたら世界全体もほとんどそうだったりして？

それぞれの人生のダイジェストを30分で聞いて、こちらの人生のダイジェストを30分で伝える。限られた時間の中でどこまで深く潜れるかにチャレンジするのは楽しかった。ロープをたぐってするすると降りていって、湖の底に素潜《すもぐ》りして一瞬握手して、また浮上してくるような時間には、特別な輝きがあった。

*

横浜のコワーキングスペースに通ってIT系の仕事をしているという、江崎さんという人と会う。コワーキングスペースというのは、要はシェアオフィスのようなものらしいが詳細は不明だ。

「今、定期的にそこで人が10人くらい集まってやる心理ゲームみたいなのをやってるんだけど。人狼《じんろう》ゲームって知ってる？」

「聞いたことないです」

「今度それやるとき誘うから遊びにおいでよ！　他の人たちもみんないい人たちだよ」

というわけで後日さっそく、横浜駅から歩いて10分ほどの謎の施設、Tに出向いた。

江崎さんがみんなに私を紹介してくれたのだが、

「菜々子さんはXのサイトで会ったんだけど、会った人にぴったりの本を探しておすすめするっていうのをやってて、すごい人気あるんだよ」

と言ってくれて、あ、出会い系サイトで会った、ということをＸの外の人に言っても大丈夫なんだ、という驚きもあったし、人気者だと紹介してくれたこともうれしかった。

　しかしさらに驚いたのがＴにいた人たちはみんなＸのことは知っていて、

「すごいね、俺も登録だけしてるけどまだやったことないんだよね」

「俺はけっこうやってるよ。今度俺も本紹介してほしい！」

と普通のものとして受け止めていることだった。社内の友人には引かれそうでこの出会い系のこと、自分がやってる活動の話をしたことはなかったが、こっちの世界では普通のことなのだろうか？　コワーキングスペースという場所だからなのか、ＩＴの人たちだからなのか、何なのかよくわからなかった。

　その日教えてもらった人狼ゲームが面白くてハマったこともあり、その後もたびたびＴに足を運ぶようになった。そこでは見ることや知ることの全部が新しかった。みんな自分のパソコン（もちろんＭａｃの薄いノート型のだ）をそこに持ってきて、フリーで自分の仕事をしていた。それにそこにいる誰もが「この前ＩＫＥＡに買い物に行ってきた」と言うのと同じくらいの気軽さで、

「あ、そういえば昨日○○のアプリ作ったんだよね」

と、アプリを開発してリリースしているようだった。アプリ作る、ってそんな簡単な

ことなのだろうか……？

ただ、彼らの近くで過ごしているうちに自分の中で漠然としていた「ＩＴ系」という仕事がイメージと違う形でおぼろげながら見えてくるようになった。

それまでは「今っぽくておしゃれな仕事」「ニーズも市場規模もどんどん大きくなってて儲かる」「カフェで仕事したり在宅でもできる新しい時代の仕事」くらいに思っていたし、その中での格差など想像したこともなかった。それに「潰れる潰れる」と日々呪いのように言われている「紙の本」の業界に比べれば明るい業界なのだろうと思っていた。

しかし実際には、彼らもまた新規参入してくる人が多い中で、自分の仕事を確立したり安定した収入の足掛かりを作ることに苦労していたし、本屋の我々に比べて未来が明るいということもなさそうだった。

「プログラミングの言語なんて数年で変わっちゃうんだから、今使われてる言語を覚えても、何年か後にはほとんど需要がなくなっちゃうんだよ。それで次世代の言語を覚えなかったら覚えの早い若者にすぐ仕事なんか取られちゃうし」

「○○っていうこの前作ったゲームが当たって、まとまったお金が入ってきてさ。それだけ聞いたらおいしい仕事って思うかもしれないけど、それ開発するのに半年とかはかかってるし。昔だったらそういう人はゲーム会社の中にいて、次も大きい仕事をさせてもらえるのかもしれないけど、この業界、あの○○ゲームを作った人の次回作、なんて興味の持ち方する人はいないしね。次に作ったゲームがまた多くの人に遊んでもらえる、っていう保証がなさすぎるんだよね。今はアプリゲームの黎明《れいめい》期だから俺らみたいな無名の開発者にも金が入ってくるけど、大手が参入してくるようになったらもう勝ち目ないよ」

最初会ったときは、自由な雰囲気でかっこよく見えていた彼ら。でも、すいすいおしゃれに生きている人なんて、本当はどこにもいないんだ。それでも彼らは自分でハンドルを握っている分、私にはかっこよく見えていた。

この頃からTで会った人を含めて、知り合いのような友達のような人が爆発的に増えていった。ひとつにはTで知った人狼ゲームの性質があって、これは最低でも10人くらい集まらないと話にならないので、あちこちで開催されるゲーム会に「とにかく知り合いじゃなくても、誰でもいいから」と人が求められていたし、それは「とにかく何でもいいから」新しい世界を知りたい、だからとりあえずどこにでも行く、という私のニーズと行動指針にマッチしていた。

そこでどこにでもひとりで来る人だ、と認識され、そこにいる人たちと仲良くなると、今度はまた別の飲み会やらチケットの余っている観劇やらライブやらイベントに誘われる。そこで新しく会った人のイベントに、勉強会に、ホームパーティーに、……と、出会いが無限増殖するスタイルがだんだん確立してきた。何の仕事をしているのかよく知らない人や、本名を知らない人と遊ぶことも多くなった。

だからこの頃、あちこちの集まりに出かけて知らない人たちの輪の中に入っていくのはまったく苦ではなかった。アウェイな場所に参加するときは、話しかけられそうな人を探してもいいが、すぐに見つからない場合はスマホなどをいじらずに、わかりやすく手持ちぶさたでポツンとする方がよい。その方が、その場の中心的存在の人が声をかけてくれて仲間に入れてもらえることが多いからだ。Xと同様、他人なのは最初だけ。あとはだいたい普通に話せるものだ。

大勢がいる場所の中でうまく輪の中に入れなかったり、内輪のノリについていけないのは最初はしんどかったし、そうなってしまうことは恐怖だったが、すべての会で前からそこにいた人のように馴染むことなんてそもそも無理だし、つまらない場だってたくさんある、とあきらめてしまえば、ついていけないことも恐怖ではなくなっていった。無理になじもうとせず、本当に笑いたいときだけ笑おうと思っていると、いることがラクになる。そんな身の処し方も覚えていった。

＊

自分がいつか切望したとおりに、私はもう、心から元気になっていた。

けれど同時に、別居している夫とのことで沈むような出来事が起きてもいた。それは黒いしみのように心の中に広がり、心の中に流れていた楽しい音楽を消していく。またにぎやかな世界にするためには、詰め込んで詰め込んで、楽しいことの濃度を上げていくしかない。上から塗りつぶすように楽しさを積み上げていく。夫婦の問題に引き戻されて立っていられなくなりそうになっても、もうひとつの世界でどんどん新しい世界を吸収し、元気にしている明るい自分の残像が自分を支えた。

向き合うべきことに向き合わずに、楽しいことだけやって逃げてるだけだろ、こんなの、と、自分の声が後ろから追いかけてくる。

だけど、逃げ道がなかったらどうやって生きていけるというのだろう。

第5章

あなたの助言は床に落ちてるホコリみたい

もちろんすべてが魅力的な出会いばかりではなかった。すべての人とわかり合うことなんてできるわけがないし、いいことだけのコミュニケーションなんて多分この世には存在しない。

仕事が休みのある日、新宿に買い物に出かけたついでにトークを1件登録した。平日の昼過ぎの微妙な時間だったので、申請してくれた人がひとりしかいなかった。今野さんという男の人だった。まだ始めたばかりの人のようで、1件も「会ってみた」の評価がなされていなかった。プロフィールには「文章を書くのが趣味で、小説を書いています。Kindleで販売中です」と書いてあるので、本の話などもできるかもしれないのだし、ちょっと心配な気持ちもあるけど会ってみよう、と思い、OKした。

　カフェに現れたのはよれよれのスウェットに、べたっと黒光りした長い髪の、暗い雰囲気の男の人。

「こ、こんな、女の人と、は、話せるなんて、うれしいですね、グフッグフッ」

　おおっ、ニュータイプ、と思い、コミュニケーションを試みるが、声が小さすぎてよく聞こえず、グフッ、という笑い声だけがかろうじて聞き取れた。基本的に相手から話してくれることは特になく、電子書籍の話を振ると、iPad を取り出して見せてくれた。４ページくらいの短いストーリーのようで、ジャンルとしては戦国×ＳＦといったところなのだろうか。何か会話のきっかけになれば、と思ってその場でがんばって読んでみたが支離滅裂すぎて意味がわからなかった。

　Kindle では１００円の値段がつけられていた。

「売れてるんですか？」

「いやあ……まったく。どうしたらいいですかね？　もっとこうしたら、っていう、アドバイス、ありますか？」

　少しリラックスしてくれたのか、やっと話が聞こえるくらいの声量になってきた。

「う、うーん」

　このときだけは、申し訳ないが早く30分経ってくれないかな、と思った。逆に言えば、それ以外の人にそう感じたことはなかった。

他に困惑したのは、待ち合わせ場所に行ったら4人で待っていた人。約束をしたのはその中の吉木さんという人だったが、4人ともXをやっていて、Xで知り合った仲間だという。定期的に連絡をとって仲良くしているそうで、私と会うと決まった後に、みんなで会う話が持ち上がり、このあとみんなで飲みに行くのだと言う。

「菜々子さんってすごい人気あるし、みんな一度会ってみたい、本を紹介してもらいたいって言ってて。すいません、大人数で」

たしかにその頃、プロフィールの改善と地道な本紹介活動によって、Xの中での人気ランキングで自分の順位はどんどん上がり、有名な起業家の人たちや古株の人たちと並んでベスト10入りするようになっていた。そのこと自体はとてもうれしかったが、こういう扱いは嫌だった。私は1対1で会うからこそ醍醐味《だいごみ》があって面白いと思っているし、何より他に人がいるなら、マナーとしてせめてメッセージで、前もって「他に何人かいてもいいですか?」と一言言ってほしかった。

指定された場所はカフェだった。4人はだいぶ前からいたようで、空の食器やグラスがいくつかテーブルに置かれていた。

「菜々子さんもごはんまだだったら何か食べますか？　僕ら食べちゃいましたけど、よかったら！　ここ、ハンバーグがおいしいみたいですよ」

と、完全に飲み会に遅れてきた人みたいな立ち位置にされている。大勢で話そうとするから話題もぼんやりするし、そもそもあとの人たちはすでに仲がいいので、一応みんなが私に質問する、みたいなていで進行しているのだが、私抜きで、

「俺も菜々子さんに本紹介してほしいです〜」

「おまえはコロコロコミックでいいだろ」

「なんでだよ、やだよー！」

などと盛り上がっていて、もうお前らだけで仲良くやってろよ、とイライラがつのった。

早く帰ろう、と思って30分を過ぎたあたりでアイスティーを飲み干し、スマホをカバンにしまったりしてなんとなく切り上げる雰囲気を出すと、吉木さんが、

「あ、そうだ、せっかくなんで記念写真撮りましょうよ！　すみませーん！」

と店員さんを大声で呼ぶ。

「き、記念写真？」

「僕、Xって最高の場所だと思うんですよ！　こんなふうにたくさん仲間と知り合えて。今日は菜々子さんとも会えたし！　これからもまたみんなで飲んだりするとき誘

いますね！　今日はこの後ほんとに参加できないんですか？　もしよかったら30分だけでも」

「今日はちょっと……。そうですね、Xは、私も本当にいい場所だと思います。でも写真撮られるのあんまり好きじゃなくて。すみません、先帰りますね！　皆さんどうぞ楽しんでください！」

席を立って自分のオーダーの分のお金を取り出してテーブルに置く。なえー、帰っちゃうんですかー、写真ーー、という声を背中に、足早に店を出た。なかよしごっこに巻きこまれたくはなかった。もしひとりずつと会っていたのなら仲よくなれたのかもしれないと思う。


それから、自己開示をあまりしてくれない人とはいい時間になりにくい。

涼子さんは哲学を専攻している大学生だという。

表参道のカフェで待ち合わせたが、「ちょっと遅れます」「もうすぐ着きます」というメッセージを繰り返し、お店に現れたのは約束の35分後だった。

「遅くなってすみません」

「大丈夫ですよ……でも心配しました。場所、迷いました？　言ってくれれば迎えに行ったのに」

ととりあえず笑顔で伝えたが、申し訳なさそうにするでもなく笑顔で返すでもなくメニューを見る涼子さんの態度に、ちょっと疑問を感じた。

それでも残りの時間、少しでも楽しく話せたらそれでいいかな、と思い、まずは挨拶的に話しかけたが、

「涼子さんは学生さんなんですよね。哲学を勉強されてるって書かれてましたけど、どんなことを勉強されてるんですか？」

「そうですね、まだ1年生なので、始まったばかりで。全体的にって感じですね」

「それだとまだつまんない、って感じですか？　もともと哲学が好きだったんですか？」

「うーん、まあ、そうですね……」

「Xはやってみてどうですか？　なんでやってみようと思ったんですか？」

「なんとなく、ですかね……」

「そうなんだ。やっててどうですか？　楽しいですか？」

「まだ……わからないですね」

と、常にこんな調子で、話を発展させる気もなければ、向こうからこちらに質問してくれたり話を振ってくれるわけでもない。さすがに話しかけるのがしんどくなった。

何しに来たんだろう、と思った。

こちらがあれこれと気を遣って話を振らなければという義務はないが、話が盛り上がらずに、うまくその人の面白さを引き出せないまま30分が過ぎてしまったら、その時間を無駄にするのは自分なのだ。無難な会話だけで終わって自分をさらけ出すこともできず、その人の核心にも触れられなかった、と感じるときは悔いが残った。そういう意味で、あまり斬り込めずに、何もないままで会った人との時間が終わってしまう、ということはときどきはあった。

短い時間の中で、自分が聞きたい話が引き出せるように斬り込むことがとにかく大事だった。ただ、これを身につけてしまうと、会話の刃が鋭くなりすぎて、今度は仕事などで会う人との他愛のない世間話がつまらなく感じてしまうことがデメリットでもあった。

けれどそういう次元を超えて、この活動の中でいちばんしんどかったのは藤沢さんとの交流だ。

＊

藤沢さんは仙台に住んでいて、出張でときどき東京に来るときにXを利用しているという少し年上の男性だった。仕事のある次の日を休みにして、東京をぶらぶらして帰るから、夜遅くでも、横浜でも大丈夫、ということだったので約束をした。

ところが約束した後になって、横浜・黄金町の映画館でどうしても観たい映画のレイトショーがその日限定で上映されることを思い出した。けれど約束を断るというのも悪いし、かといって映画もあきらめたくないし、と思い、もし映画にご興味があればいっしょに観に行きませんか?と誘った。藤沢さんは快諾してくれて、映画を観た後、軽くごはんを食べながら飲んだ。終電の時間はとっくに過ぎたが私はタクシーですぐに帰れるので気が楽で、案内がてら横浜の夜道を散歩した。

藤沢さんは仕事だと言っていたので、どこか横浜にホテルを取っているのだとてっきり思い込んでいたが、聞くとネットカフェにでも行くつもりだという。横浜は実はネットカフェが少なく、週末だったので、空いてないのでは?と心配になり、藤沢さんに電話で確認してみるよう促した。藤沢さんは何軒かのネットカフェに電話で確認してみていたが、電話を切ると、声を落として、どこも空いてなさそうだ、という。土地勘もなさそうなので昔家無し時代に利用した石川町の簡易宿泊所の空きを調べ、そこに行けるように住所を教えてタクシーに乗せた。私も別のタクシーで帰った。

本は後日、メールで、沢木耕太郎の『深夜特急』をおすすめした。

藤沢さんはつい先日まで、有休を利用してちょうど1週間ほどバックパックを背負ってインドに行っていたのだと言っていた。インドで考えたことや旅の面白さを興奮気味に話してくれた。『深夜特急』は1970年代が舞台の伝説の旅行記で、今でも多くのバックパッカーの聖書のような存在の本で、著者の熱すぎずフラットな視点が何よりも心地よい。そして元祖だけあって、どんな旅行記よりも旅の楽しさがリアルに伝わり、続きが気になって読むのが止められなくなるような面白さがあった。

「変に神聖化したり斜にかまえたりすることなくインドを見てみたかった」と言い、また次はどこへ行こうか考えている、という藤沢さんにぴったりの1冊だと思った。

藤沢さんからは、

「気になってはいたのですがなかなか読めずにいた本です。紹介してもらったのをきっかけに半信半疑（すみません）で手に取ってみましたが、これがもう面白くて面白くて。あっという間に6冊読み切ってしまいました。やっぱり旅はいいですね」

というい い返信をもらったが、それっきりで、その後に何か連絡を取ったりすることもなかった。

けれど、ある日突然。

「おひさしぶりです」というタイトルのメールが届いた。

「菜々子さんと過ごした横浜の夜は、なんだか僕にとって特別のもので……あのときのことも含めて、ちょっと文章を書いたんです。長いし、独りよがりでお恥ずかしいんですが、菜々子さんはたくさん本を読まれていると思うので、作品として、批評というか感想を伺うことはできませんでしょうか？」

この時点で、なんとなく嫌な予感はしていた。だがしかし、

「なんか嫌な予感がするのでイヤです」

と断ることなどできるだろうか。そのときの私は嫌な予感を感じたことを隠すように、反射的に軽い表現で、

「えーなんだろ？　たいしたこと言えないと思いますけど、私なんかでよければ」と返していた。

送られてきたのはあの日の夜、私がタクシーにいっしょに乗り込んで「寂しいんです。帰りたくない」と言って、藤沢さんに抱きつくところからスタートする、ワードファイル90ページ分のポルノ小説の大作だった。読めば読むほど吐き気がしたが、長く続く直接的な性描写のシーンよりも、私が藤沢さんの脛《すね》をなでて「すべすべで気持

ちいい……」とうっとりしている、というような描写の方がよりいっそうダメージをくらった。もしかして最後まで読んだら小説として面白くなるのかも?という、よくわからないスプーンひとさじの希望を胸に(というか怖いもの見たさで)、息も絶え絶えに最後まで読んだが、最終的には私がその人の子どもを身ごもりシングルマザーとして子どもを産み、先方は別れを決意して心痛ませながらも家庭に帰る、という、21世紀の現在において最も陳腐と言っても差し支えない結末で、小説としての読みどころも特になく、ただただ気持ち悪いだけの文章だった。

怒り、嫌悪、失望……いろんなものが込み上げたが、

「なぜ本を紹介しようとしただけでこんな目に遭わなければならないのだろう」

というやるせなさと、

「なんでこれを送って許されると思ったんだろう」

という疑問が何度も繰り返し浮かんで頭がいっぱいになった。

私に非があるのだろうか?　好意を持っていると受け取られても仕方ないようなやりとりがどこかであっただろうか?　もっとはっきりと拒絶の意思を示すべきだった?　でも、いったいどの段階で?

……と、気づけば、自分の非を探して自分を責めてしまう。本当にこういう目に遭

ったとき、人は自分を責めてしまうものなんだなと他人事《ひとごと》のように実感する。

誰かに好意を持つことや実在の人間を性的な対象として捉えることは完全にその人の自由だ。でもそれを相手に伝えることはまったく別の問題のはずだ。私がこれを読んでどう思うと思ったのか。この小説の中に出てくる私みたいにとことん都合よく、「ウフフ面白いですねードキドキしちゃいました☆」だったのか、それとも、

「小説としてこの部分は～」

って、真面目な批評が始まると本当に思ったのか。

もしかして、まさか、私が喜ぶだろうとでも思っているのだろうか？

いや。そもそも「私」がどう思うか、なんて発想は微塵《みじん》もなく、何も考えず、書きたいから書いて、送りたいから送ったのではないか。悪意があるよりも、その方がずっと怖い。そこに人格を持った「私」はいない。

直接身体《からだ》に触れるような性犯罪とは違うし、嫌なら読まなければいいだけのことだ、と思ったのかもしれないが、好きでもない人からこんな書き方をされたものを「読んで」と言われて送られて、私が嫌な気持ちになるかもしれない、という可能性を考えてはくれなかったのだろう。

性的なことだからしんどいというのもあるけど、性の問題というより、このコミュ

ニケーションの断絶っぷりに絶望を感じた。いっしょに横浜で過ごした夜は、普通にコミュニケーションが成り立っていて楽しい時間だったし、私は藤沢さんをその時点では信頼していた。

この気持ちを伝えるメールを本人に返す気にはもう到底なれなかった。

私はそっとメールを閉じ、パソコンの電源を落として布団に突っ伏した。

もうXで人と会うのをやめようかな、と思った。

*

振り返れば、Xを通じて会って本を紹介した相手は、もう50人ほどにもなっていた。いい出会いもたくさんあったけど、別に特にトラブルなく会って別れた人の中にも「女と会えそうだから本読みたいとか言って応募してみよう。本は読まないけど」という人もいたのかもしれない。最初の2人なんて、本当にそんな感じだったし。そう考えるといろんなことが急に虚《むな》しくなる。

と思って、すぐに打ち消す。虚しくなるっていうのは、ちょっと違う。仮に下心があったら何だっていうんだ。それって、何かの被害者みたいに文句言えることなのか？　自由な出会いの場で、男女的な何かがあるかも、って期待することっていけないことなのか？　もちろん、だからといってポルノ小説を送りつけていいことにはならないが、他の人はそんなことはしてきていない。それにこっちだって謎の修行のために利用させてもらっている立場なのだ。

紹介する本は毎回真面目に考えてるし、紹介したからには興味持ってほしいな、読んでくれたらもっとうれしいな、とは思うけれど、真面目に選んでるのはこっちがやりたくてやってることだ。本目当てじゃないことに文句を言う筋合いはない、と思い直した。

というか、だいたい、本、本、本、って、おまえは本の何なんだよ。本の親善大使か。

そこまで自問自答するとなんだかいろんなことがもうどうでもよくなってきて、大きなため息が出た。

とりあえず修行は続けるとしても、「あなたのために真面目に本を紹介してあげてるのに！」みたいな変な感情に囚われないようにしないとだめだ。

本は、私に興味を持ってくれるきっかけになってくれればいい。

別に本は読まなくていい。ただ、私に修行の機会を与えてくれたことに感謝しよう。それ以上でもそれ以下でもないのだ。

夫との、今後についての話し合いの雲行きは非常にあやしかった。今までよりも、決定的にすれ違っているように感じることが増えた。

いつものように会う月に1回の食事の時間も、だんだん煮詰まったものになってきていた。

意味のない世間話をやめて少し真剣にこれからのことを話し始めたら、やはりつい感情的な発言になってしまった。

「自分のことばっかりだよね。私がどういう気持ちか考えたことある？」

私がつい強い口調で言い放つと、夫はそれを認めるようにうつむいてしまって、会話が止まった。

けれどその言葉の矢は同じ強さで自分にも刺さった。そんなふうに偉そうに言えるほど、私はこの人がどんな気持ちか考えることができているのだろうか。むしろ、ずっと考えることから目を背け続けている。

私に藤沢さんを責める資格があったのだろうか。ずっといっしょに過ごしてきたのに、相手の中に「自分」がいないし、自分の中にも「相手」がいないなんて。

夫婦でさえそうなら、いったい誰とならまともにそんな関係を築けるのだろう。他の人たちは築いているのだろうか。

＊

ゆるやかに、Ｘへアクセスする頻度が少なくなっていった。

別に藤沢さんのことがそこまでショックだったというわけではない。

最初は驚きと緊張の連続で目に映るものすべてが新鮮だった「未知との遭遇」。ひとりひとりの人は誰とも似てないし、それぞれの人が持っているストーリーは掛け値なく面白い。誰と会っても、話が盛り上がらなくてもそれぞれに思うことはあり、「つまらない時間だった」と思ったことはなかったが、人と会って本を紹介することに少しずつ慣れ、いつしか同じことの繰り返しだと感じるようにもなっていた。

人数が増えていくことは楽しかったし、漠然と１００人突破を目指すべきかと思ったりもしたのだが、記録達成のために無理やり続けるのもちょっと違うだろう。

それにＸで出会った人や、Ｔのつながりから広がった友人知人の輪に次々と顔を出しているせいもあって、ほとんどの休日が埋まってしまうようになっていたし、さらにはやっと重い腰を上げて転職活動も始めていた。

しかし、転職活動を始めるといっても転職サイトはパッとしない求人ばかりだった。Xで人に本を紹介するうちに、やっぱり本が好きだな、本のことにもっと関われる仕事をしたいな、という気持ちが強くなっていた。けれど、チェーン系の書店の中途採用の募集なんてものはまったく見かけることがなかった。出版社の営業・編集はどこも経験者のみの募集。私の職歴から「オススメの求人」と表示されるのは「小売店店長」という現職のチェックを自動で拾ったチェーン飲食店の店長などばかりで、本と関係ない仕事には興味を持てなかった。

*

遠藤さんとはその後もときどきお茶をしたり、休みの日に渋谷や原宿でごはんを食べたりする仲になっていた。

恋愛に発展するのかな？　などとあの日は思ったけれど、遠藤さんとLINEでたまに話しても「また会いたいな」「今何してるの？」みたいな恋愛前夜みたいなムードは皆無だったし、そもそも遠藤さんからの返信はいつも1行だった。それでも避けられているわけでもないらしく、

「そろそろまたごはんでも行かない？」
とLINEすると、だいたい
「いいね！　いつ？」
と、やっぱり1行で返ってくるのだった。

人に自分の悩みを相談したりするのは苦手だった自分が、遠藤さんにはなぜか素直に思うままを話すことができた。

「やっぱり、本屋とか、本に関することを仕事にしたいんだよね。本屋は今、儲からないってすごく言われてて、駅前の個人の本屋なんかはもちろん、チェーン店でもどんどんつぶれてて。そもそも単価が安いうえに利益率も悪いから全然稼げないんだよね。だからまず普通の本屋の転職先なんかなくて」

「うーん、本屋かあ……まあ俺は行かないからなあ。電子になってないものでどうしても、っていう本は紙で買うこともあるけど、でもそれでもこれって決まってる本ならアマゾンで買うし。紙の本って邪魔だから、ジャンプとかコンビニで買っても読み終わったら電車の網棚に置いてくるもん。本屋って必要なの？　何のためにあるの？」

「何のために……うん、何のためにあるんだろうねえ」

「紙の本を扱う仕事じゃなきゃだめなの？」

「いや、ウェブでもいいけど……『ネット書店』みたいな感じで、ブログなりサイトで本を紹介して、アマゾンのリンクを貼って、アフィリエイト……だっけ？　そういうのがやっぱりいいのかな？」

「いや、本なんかたしか売り上げの3％しか入ってこないから。それだけだと無理だと思う。1000円の本が1冊売れて30円。仮に1ヶ月に30万円欲しかったら月に1万冊？　それけっこう難しいよね。何かと組み合わせるのがいいんだろうなあ。何だろなあ〜。エロ？　アイドル？　うーん、凡人の発想だな」

遠藤さんは、こういう話をしてても暗くならないし、いっしょに楽しんでくれるようなところがよかった。

「そうだよね、組み合わせかあ。今新しくできてる本屋は、だいたい飲食とか雑貨とかイベントと組み合わせて、ってパターンがほとんどなのね。だからそう考えると、自分ひとりでやるなら、本屋とスナックを足したような店をやるのがいいのかなー、って思う」

「なるほどなあ。いいんじゃない？　ってことはつまり収支の問題なんだよね？　たとえば店の家賃が20万くらい、それから住む場所の家賃が……節約して6万円として。3千円の客が10人来たとして1日の売り上げが仮に3万円くらいとして。月の売り上げ90万？　でも定休日だって必要だしもうちょっと少なめか。毎日3万っていきなりは無理か……。それから酒とかフードの原価と……本の仕入れ？　うーん、どうなんだろう、手元に残るかな。

『本屋スナック』ってことで、うまくすれば雑誌に取り上げられたり話題になったりすると思うけど、結局雑誌を見て興味を持ってくれるような本好きの、菜々子さんが来てほしいようなお客さんっていうのは、毎日来るわけじゃないと思うんだよね。頼りになるのは地元の人とか、通いやすい距離の人ってことになると思うんだ。で、あんまり本の話とかにならないかもしれないしさ。なんとか生活していけるだけの売り上げになった、ってときに、それで『なんか違う！』ってならない？　その辺はどう？」

などと、独立して自分で生計を立てているだけあって、具体的に考えを広げさせてくれるのだった。

「たしかにそう言われるとほんとそう。じゃあどうしたらいいんだろう？」

「うーん。でもなあ。本屋のことはわかんないし、店っていう形がいいのかはわからないけど、まあ、うまくいくんじゃない？」

遠藤さんが明るい顔でこちらに視線を投げる。

「えっ、なに、そのテキトー発言」

「いや、だってXでもさ、コンセプト作って成功させてるわけじゃん。今までフェイスブックすらやったことなかったわけでしょ？　でも自分なりに、どうやったら流行る、みたいなこと考えて結局うまくいってるし、クチコミで広がって、サービス利用後の満足度も高そうだし、そういうの自分で作れるんだからさ、独立とかしても何かしらうまくいくんじゃない？」

「私がXでうまくいったのは、まわりの人がアドバイスとか軌道修正とかしてくれたからだし」

「そんなの独立したらもっとあるよ！　誰かがアドバイスしたからだとしても、実際に動いてんのは菜々子さんじゃん。それに、たしかに会社にいたときより苦しいこともあるけど、けっこうみんな助けてくれたり、金くれたりとかするもんだよ」

「うーん……。あと、そもそもXは無料だから。遠藤さんは映像っていう、ちゃんと市場で価値のあるものを持ってるからでしょ」

私がぐだぐだと反論を続けると、遠藤さんは片頬を上げて、

「菜々子さんもXやってたら会ってるかもしれないけど、どの業界にもコンサルとかアドバイザーみたいなうさんくさい肩書きで、たいした中身もない話を素人相手にして、学校とか企業とかから5万10万もらってるやつとかいっぱいいるんだよ。本屋がどうかは知らないけど、そういう感じで『なんとかアドバイザー』みたいのやったら、多分そこそこ稼げるようになるんじゃない？」

私がそんなことをうまくできそうに見えているのであればうれしいが、素直に喜べない複雑さもある。

「やだよ、そんなの。そんな中身のない仕事で稼ぐ汚い大人になりたくない！」

中学生みたいだと思って恥ずかしかったので冗談めかして叫んだ。

「じゃあ菜々子さんの仕事のプライオリティーって何なの？」

「もっと心のこもった……というか……」

さすがに自分で言いながら照れて笑ってしまった。

「じゃあ心のこもったアドバイザーをやりゃいいじゃんか！」

どこまで冗談なのか、真のアドバイスなのかわからないが、そんな話をしていると身が軽くなって、今の会社にい続けるという選択肢はどんどん小さくなって、もう消えてしまいそうだった。


というわけでとりあえずは、仕事で会う出版社の人などに片っ端から「実は転職しようと思ってて……どこか人を探してるところないですか？」と聞きまくるしかなかった。そして話が暗く終わらないように、

「というわけで仕事もパッとしないんで、最近ちょっと出会い系で人に本をすすめるという変わった活動をしておりまして……」とセットでXのことを話すと、

「なんすかそれ！　出会い系って‼」

とだいたいウケたので、なんだ、どこで話しても大丈夫なことだったのか、と安心した。そうやっていよいよ公に、出会い系で本をすすめている、という話を誰にでもするようになると、それは当初に予想していたよりも圧倒的に面白がられ、いいことの方が断然多かった。

もちろんほとんどの人が、笑ったり驚いたりしながら、

「それ大丈夫なの？」

「変な人とかいないの？」

「怖い人もいるから気をつけてね」

というような心配を投げかけてくれた。まっとうな感想だと思ったし、こちらも一般常識的な返答として、

「うんうん大丈夫だよ、ありがとう」

くらいの感じで答えた。

しかし食い下がってくる面倒な人というのもいる。中年以上の男性がほとんどで、内容もほぼいっしょだった。

「でもメールのやりとりなんかならまだしもねえ、実際に会うっていうのが危ないいん

じゃない?」

「カフェとか人目のあるところなので、怖い目に遭うことはないですよ」

「でも跡つけられたりとかさ、家を調べられたりとか」

「そうなったら怖いですけど、そのリスクって普通に生きてるだけでもあるし」

「まあ親切そうにしてくれる人もいると思うけど、何考えてるかわからない奴もいるしさ、男は結局下心があるからねえ〜。全員、どんな奴でも下心があるもんなんだよ! だからさー、気をつけた方がいいよ?」

そこまではがんばってにこにこやりとりしてても、こうまで言われてしまうと、こちらの顔も曇らざるを得なかった。まさかこちらが気分を害するとは思わず、何も考えずに、なんなら本人が気づいていなかった危険点を教えてあげた、くらいの気持ちでいるのだろう。自分の方が世の中を知っていると思っているのだ。

多くの男性におそらく下心というものはあり、一部の男性はそれをまっすぐにぶつけてくるし、さらにその一部の男性は最初に会った土屋さんやコージさんのように、「セックスできる可能性ないならあなたに会う意味ありません」くらいのことは平気で言ってくる。その一方で、ある一定の人たちはどこかにそういう気持ちがあったとしても、そことは違うラインで友情なり信頼関係を築ける。

出会いに慣れていないその人にとっては「まったく知らない女と会う」が「セックスできる可能性」に直結していて、それ以外の発想が持てないのだろう。Xで私が見てきた世界を見せてあげたい、と思う。知らない男女が1対1で出会っても、セックスのことじゃない普通の喜びがごろごろ転がってるし、人は人にやさしくできるんだよ。私はこの数ヶ月、自分の身をもって体験してきたのだ。いいことも悪いことも。

たとえばこういうしつこい人に藤沢さんのポルノ小説のエピソードを話したら、

「ほらね、やっぱりそういうことがあるからさ」

とうれしそうに、俺の言ったとおりだろ、と思うのかもしれない。だけどそういうリスクを負ったからこそ面白い体験が手に入ったのだ。あなたが貧しい想像力とテレビやネットで得た情報で考える「出会い系の危険さ」や「男の下心」は、たしかにこの世に存在はするだろう。でも私が見知らぬ人に出会って救われまくってきたこの日々が私にとっては眩《まぶ》しすぎて、そんな的外れな助言はまるで床に落ちてるホコリのようにどうでもいいものだった。

というような面倒くさいおっさんへの対応を除いては、いいことしかなかったと言って差し支えない。まず、あちこちで変わった書店員だと認知されるようになった。すると、

「今度○○さんという書店員の方といっしょに飲むんですが、よかったら花田さんもどうですか？　○○さんもすごく面白い方で、お店で独自のフェアをしたりフリーペーパーを作ったりしてるんですよ。きっと花田さんと気が合うと思いますよ！」というようなお誘いをいただいたり、人を紹介してもらえることが増えた。そうなってみてから、そうか、何か変わったことをしてたら、同じところにいてもまたそこから出会いがあるものなんだなあ、ということに改めて気づいた。

ヴィレッジヴァンガードと本屋めぐりだけの狭い世界から出たいと思ってXの世界に入ったけれど、少し扉を開けば近くて遠いところにどうやら「書店員ワールド」とも言うべき別の世界があったらしい。そちらの世界も一歩足を踏み入れてみればみんな個性豊かで、本を売ることに真剣な思いで取り組んでいる人がたくさんいたし、同じ悩みや、同じ希望を抱えながら生きていた。なんだ、同志はこんな近くにいたのか、早く言ってくれよ、と思った。

彼らの多くが、私がかつて敬遠していたSNSでどんどん会社の垣根を越え、横につながっていた。そこをたどると、素敵な仕事をしている人や尊敬できる人はいくらでもいた。

また新しい世界への扉がひとつ増えていた。

第6章 私が逆ナンを身につけるまで――そしてラスボス戦へ

しかし実際に50人もの知らない人とタイマン勝負する（1対1でお話する）ということを積み重ねると、そもそもの修行の目的（?）であった「知らない人に対しても本をすすめられるようになる」ことが上達してくるだけでなく、別の「副作用」もだいぶ効いてきていた。「知らない人と話す」ということのハードルがどんどん下がって、ほぼゼロになっていた。

この時期、生まれて初めて「合コン」を経験した。相手の男性方の紳士的振る舞いに感動したり合コンの様式美に感動したりといい経験になった反面、正直「4対4で話すなんて、どんだけぬるいんだ」と思うくらい、人と会うことになったときの戦闘力が仕上がってしまっていた。「『学生時代の部活当てクイズ〜』とかほんとどうでもいい！　もっと斬り込みたい！」という気持ちでいっぱいになり「これが1対1だったらこうやってこうやって斬り込めるのに……でも、この平和的空間を乱してはいけないんだろうな」と我慢し、ニコニコと話を聞いたり、ほどほどの平和なツッコミをして、合コンでの振る舞いを勉強して帰ることとなった。

新宿駅の南口で皆さんと笑顔で解散してひとりになると、合コンよりこの辺を歩いているよさげな人に声をかけてお茶でもした方がよっぽど生産的なのではないか？と思ったりした。もちろん多くの人がそれをしない理由はわかっている。

声をかけても「なにこの人……宗教？　マルチ商法？　それとも高価な壺《つぼ》？　新手の風俗？　美人局《つつもたせ》？　もしくは色情狂？　それとももっと違うジャンルのヤバい人？」と怪しまれ、立ち止まってもらうことさえ難しいからだろう。しかし、そう理解はしながらも、「実際にやってみたら意外とけっこうイケるんじゃないの？」と思うくらいには、そのときはタガが外れてしまっていた。

黒岩さんはそんな中で、初めて自分から積極的に仲良くなるために「仕掛けた」男の人だ。たまたま行った50人ぐらいが集まるイベントの主催者で、場を和やかに仕切っていた。ＩＴ系なのに特有のチャラさがなくて落ち着いているし、どこかユーモアのあるのびのびした話し方がかっこよかった。でも有名らしいし、雲の上の人って感じだなあ、というのが第一印象だった。黒岩さんはときどきXにトークを登録していたので名前だけは見たことがあったのだが、こんな人だったのか。

　雲の上の人かもしれないけれど、仲良くなれたら楽しそうだな、と思った。

　イベント終了後の歓談タイムもずっといろいろな人に囲まれていたが、空いた隙を狙って近寄ってみた。

「初めて来たんですけど、にぎわってますね」

「おかげさまで。ありがとうございます」

「私、Xをやっていて、その知り合いに教えてもらって今日ここに初めて来たんですけど、黒岩さんもときどき登録されてますよね？　お会いしたいなあと思っていたんですが時間が合わなくて」

「あ、そうなんですか？　そう、僕ほとんど真面目にやってなくて。えーと、なんて名前でやってらっしゃるんですか？」

「菜々子です」

「えー、見てみよう」

「その中で、私、会った人にその人に合いそうな本をおすすめする、っていうのをやってて」

「へえー！　何ですかそれ、面白いですねえ」

　その笑顔が本当なのか社交辞令なのかわからなかったが、とりあえずは覚えてもらえただろう。会が終わったあとフェイスブックでつながったので、タイムラインを見てみると、本職の仕事とは別に「童貞をこじらせて」的なブログをときどき書いていてアップしていた。ライトな内容で楽しく読んで笑えるようなもので、やっぱりセンスのある人っていうのはどこまでもセンスがあるもんなんだなあと思わずため息が出た。

純粋にブログが面白かった、というのもあったが、さらなる関係性の進展のためにそのブログをひととおり読んで長文の感想メールを送った。

黒岩さんからの返信は好意的で、

「感想うれしいです！　あんな内容なんで、普段改まって感想なんて言ってもらうことがないし、さすが本屋さんだからなのか文章がうまくて、自分が褒められてるのに『なるほど』と思ってしまいました。

Xで菜々子さんのページ見てみましたが、けっこうたくさんやってるんですね。僕もいつか機会があれば1冊おすすめしてほしいです」

というものだった。しめしめとばかりに、

「今、本をおすすめする修行中なんでよかったらぜひ紹介させてください。黒岩さんがときどき登録されている火曜の14時～、高田馬場、というのは難しいのですが、来週だったら水曜と金曜が休みなので、渋谷か新宿あたりまでなら出られます。昼でも夜でも大丈夫ですよ」

と送った。実際にその気がなければふんわり断ってもらいやすい誘い方だ。

するとすぐに、

「じゃあ水曜の18時新宿ってどうですか？　その日その後はフリーなので」

と返信が来た。あ、これはもしかしてごはんに行ける最高のパターンではないか！


と、このようにして私は「逆ナンの術」を身につけた。

といっても恋愛やセックスを目的として忍び寄ってるわけでもなく、ただ自分がいいなと思った人と積極的に仲良くなっていく、というあまりにもシンプルな行動なのだが。


今回はXで人と会うことと同じようで、ちょっとだけ違うパターンだったので、何を話したらいいだろうと久しぶりに緊張した。けれど黒岩さんは話も上手でノリがよくて面白く、黒岩さんのブログの話から童貞力の話になり、そのあたりは私の好きなジャンルでもあったので伊集院光やみうらじゅんの話から始まって、最近の峰なゆかや福満しげゆきの漫画について、また童貞漫画の金字塔ともいえる『宮本から君へ』の話でひと盛り上がりした。黒岩さんがまだ知らないというので、渋谷直角《ちょっかく》の最近出たばかりの『カフェでよくかかっているJ－POPのボサノヴァカバーを歌う女の一生』を強くすすめたり、逆に黒岩さんが私の知らない「AV界における童貞感の変遷」みたいなものについて面白おかしく教えてくれたりもした。

黒岩さんはさわやかに「じゃ、またおすすめの本あったらぜひ教えてください！」と言って去っていった。私にとっても、とても楽しい夜だった。

どこかで「変な奴だと思われたらどうしよう」という心配もあったのだが、フリーの人たちの世界では、こんなことも日常茶飯事なのだろうか？　それとも黒岩さんのキャラなのだろうか？

何にしても、Xという世界からはみ出しても、まるでXの中にいるみたいなやり方で勝手に気軽に仲良くなっていいのだ、と教えてくれたようで心強かった。Xのルールを外でも適用していいなら、世界は「この人とお話したい」ボタンを押したい人でいっぱいだ。

さらに調子に乗った私は、黒岩さんの友人であるらしい、面白ネタ系のウェブメディアでライターをやっている佐久間さんにも突然メッセージを送った。普段からよく見ているサイトでいつも面白い記事を書いている人だなと思っていたのだが、ある日フェイスブックで黒岩さんと楽しげにやりとりをしているのを見かけて、逆ナンがもう初めてではないこともあり、知らない人だというのに何も考えず、気づけば非常にカジュアルに誘っていた。

「突然すみません！　ブログの記事いつも見てます。私は普段はヴィレッジヴァンガードで店長をやってて、最近Xというサイトを利用して知らない人に会ってその人に合いそうな本をおすすめするという武者修行をしています。この前黒岩さんともお話させてもらって、黒岩さんのフェイスブックに佐久間さんが出てきたのでうれしくてついメールしてしまいました。

○○のサイトの中でも特に佐久間さんの記事が好きで（中略）今度よかったらお茶でもさせていただけませんか？　お望みではないかもしれませんが、もしよかったら佐久間さんの『こんな本が読みたい』というご希望をお伺いした上で、何か1冊おすすめさせていただきます」

とまあ、こんな感じで、警戒されても仕方がないし、普通に忙しい方かもしれないし、返事がなくてもダメでもともと、という気持ちだったが、こちらの「別に会えなくてもいいし」という気の抜けた感じが伝わったのか、

「感想ありがとうございます！　おすすめ本ぜひ～！

火・金の昼～夕方なら、取材入ってなければだいたい空いてます！　菜々子さんはどこに住んでるんですか？」

と、これまたカジュアルな返事がきて、驚くほどスムーズに話が進み、２日後には中野のサンマルクカフェで会っていた。佐久間さんはXに参加している人ではない。ということは、この瞬間、完全にXの世界を飛び出して、現実世界のすべてが私のナンパフィールドになったのだ。もはや本をおすすめできる技術はただのナンパの飛び道具へと立派に成長を遂げていた。いいのだろうか、この使い方で。

「本をすすめる武者修行って、いいっすね！　面白い人とかいました？」

「うーん……会ってから数ヶ月後に、私とその人が主人公のポルノ小説送ってくる人とかですかね」

「めっちゃ面白いじゃないですか！」

長いことブログやネットの記事の読者であり、憧れていた遠くの世界の人とこんな普通に話せているのが自分でも信じられなかった。それに小説を受け取った瞬間は激しく落ち込んだ藤沢さんの件も、こうして時間が経って単なるネタとして話せるようになるとそんなたいしたことでもなかったかも、と思い、今は面白エピソードになってくれているのがありがたかった。

そういえば、１人目の土屋さんからはその後も定期的に「おひさ〜」「彼氏できた〜？」「おひさです！　肉でも行きませんか？」「夏ですね！　忙しいですか？」など、こちらの１００％既読スルーに対してもbotのようにメッセージが届き続けていたの

で、

「そういえばこういう人もいて」

と佐久間さんにメッセンジャーの画面を見せてあげると、

「ぶはは！　こいつハート強すぎっすね！　っていうか菜々子さんの徹底した既読スルーっぷりもいいですね！」

とゲラゲラ笑っていた。土屋さんとのやりとりも今こうして笑いの役に立ち、成仏したような気がした。

　佐久間さんは自分では面白い文章を書いているくせに、本はほとんど読んでいないというのが意外だった。

「なんていうか、紙の本って、エッセイとかでもすごくゆっくりでしょ？　僕はウェブのテンポに慣れちゃってて読みづらいんですよね」

というので、ハマるかわからなかったが、せきしろと又吉直樹の共著で、自由律俳句の句集である『カキフライが無いなら来なかった』をおすすめした。サブカルチャー的なノリは佐久間さんの書いているブログにも近かったし、何より句集なので、長い文章を読むのではなくキャッチコピーのような一文に込められた悲壮感やユーモアを味わうことができて、読書に対する苦手意識を払拭し、紙の本にポジティブな印象を持ってもらえるのではないかと思った。

こう立て続けに知らない人といい感じで仲良くなることができると、これを繰り返していけばもはや誰とでも友達になれるのでは……?という気さえした。もちろん芸能人とか作家とか、いわゆる一般のファンが多い人は難しいだろうし、私だってやみくもにアイドルやお笑い芸人と仲良くなりたいわけではない。だけど「会いたい」と言えるだけのちゃんとした理由があれば、そんな特別なことではなく、だいたいの人とは会えるものなのかもしれない。

ならば、誰とでも会えるとしたら、誰とでも仲良くなれるかもしれないとしたら、私が世界でいちばん会いたい人って誰だろう。

遊びのようにふと頭に浮かんだ問いだったが、迷わずに答えは出た。

私がこの世でいちばん好きな本屋、「ガケ書房」をやっている山下さんに会いたい。

＊

ガケ書房には、20代の中頃、京都をひとりで旅しているときに初めて出会った。

にぎやかな観光地を抜け、市バスでずっとずっと遠くまでいった左京区のはじっこ、およそ観光客らしい人がひとりも歩いていないような普通の場所にその本屋はぽつんと存在していた。ぽつんと、と言ってしまうと、上品な目立たない店だと思われるかもしれないがそういうことではない。お店自体はすぐにここだとわかった。なぜなら外壁は店名の「崖《がけ》」を模しているのか、普通の壁ではなくごつごつした岩でできているし、何よりその崖から車の前半分が飛び出しているのがこの店のトレードマークであるらしかった。

おそるおそる扉を開けて店内に入ると、内装は黒っぽい木を基調にしていて照明もかなり薄暗く、他では聴いたことのないような不思議な日本語のアコースティック音楽が響き渡っていた。

自分の好きなサブカル本の気配があちこちから漂い、それでいて当時働き始めていたヴィレッジヴァンガードとはまったく違い、上品さと静けさをもってその場に置かれていることに感動した。見たことのない面白そうなリトルプレスやマイナーなカルチャー雑誌が丁寧に並べられて、1冊1冊が面白そうな輝きを放っていた。職場であるヴィレッジヴァンガードでサブカル本自体は見慣れていたが、ここで手に取る本はどれもが特別に見えて、強く惹《ひ》かれた。魔法にかかったように吸い寄せられた。

興奮のあまり、店の中を何周もする。片隅に椅子とアコースティックギターが置かれていて、「自由に弾いてください」と貼り紙がしてある。思わず笑ってしまう。また、奥の本棚の側面には「遠足に行ったときのこと　5年　山下賢二」という作文が貼ってある。これはこの店の店主さんの書いたものなのだろうか。読んでみると、一見誰でも書けるような普通の子どもの作文のようだが、なんとも味わい深いような気もしてくる。

これはどういう意図で貼られているのだろうか？　なんだかわからないがこんなふうに人を惑わすような遊び心と、「おっ」と思わせるような本がひっそりと佇む静けさが同居していて、さらに肉眼で見えないくらいの狂気が少しだけ店中にちりばめられている……そんな独特な空気の虜《とりこ》になってしまった。

何かに似ている、と思ったら、ヴィレッジヴァンガードを初めて見た19歳の頃に感じたあのときの衝撃だ。ヴィレッジヴァンガードではとにかく主張激しく、いいなと思った本はとにかく山積みにし、本が見えなくなるくらいにPOPをべたべたと貼ってうるさいくらいにお客さんにアピールするやり方がメインだったので、そうではないやり方でこんなふうに本のよさを伝えていることが私にとって刺さったのかもしれない。はっきりとした理由はわからないが、本のセレクト、並び、居心地、そのすべてが「この店は私のためのものなんだ」と自分に確信させた。何時間でもこの場所にいられそうだったし、実際にいればいるほど手に抱える本が増えて、最終的に、旅行中とは思えないくらい大量の本を買うことになってしまった。

それから何度も、と言っても遠方なので年に1、2回が限度だったけれど、店に足を運ぶようになった。いつ行っても飽きたりがっかりすることはなかった。むしろ確信が強固になっていくばかりだった。いつ行っても恋い焦がれたままの理想通りの形がそこにあって、行かないあいだに欠けていた自分のその部分を、ガケ書房の空気が埋めてくれた。いつでもここに来れば自分がゼロに戻れた。ガケ書房はどんどん私の芯のような存在になっていった。それは憧れのような気持ちでもあり、ほとんど恋愛のようでもあった。

こんな思い入れは気のせいではないか、私はヴィレッジヴァンガードに入るまで特にそれ以外の本屋にほとんど行ったことがなかったから、他の店を見ても実はこれくらい感動するのではないか、と思い、それを立証するために東京でも京都でも他の有名なセレクト系の書店に足を運んだ。しかしやはり、どの店も素敵だったし、いいなあとは思ったが、こんなふうに切羽詰《せっぱつ》まったような気持ちで猛烈に想う感情にはほど遠かった。理屈ではなく、ガケ書房だけが私にとって特別すぎたのだ。

途中ヴィレッジヴァンガード内で京都への転勤があり、京都に1年半ほど住んでいた期間には頻繁に通えることが幸せで幸せで仕方なかった。

いつも行くたびに「こんな本があったのか、知らなかった」という発見はもちろんあったが、なぜこんなにも、いつも心にしっくりくるのだろう、どうしてこんなに心に寄り添うような店なのだろう、と、そのあり方自体が自分にとっての支えだった。

けれど、お店の人に「いいお店ですね」などと話しかけることは到底ありえなかった。もともとはそういう、緊張しがちで内向的な性格だったし、お店の人と話してみたいという発想すらなかった。

どんな人が店長さんなのだろうか、あの人だろうか、それともあの人？　と行くたびに思ってはいたが、あるとき雑誌のインタビューで写真を見かけて、映画監督か作家の記事でも読むように、

「この人が店長さん……山下さんっていう人なんだ」

と胸に刻んだ。それだけで十分だった。

しかしこうして、

「誰とでも会えるとしたら誰と会いたいんだろう」

なんて自問をして、さらに自答までしてしまったせいで、突然ラスボス戦のときが来てしまったのだった。もう会おうとしないわけにはいかない。

意を決して山下さんにメールを書くことにした。

まずは自己紹介と、お店のファンでありずっと通っているということと、勝手なお願いだけど一度お会いしたい、30分でいいからお話できたらとてもうれしいです、ということ。

初めてガケ書房に行ったときのこと、そこで受けた衝撃、それから何回も何回も通っても、好きで、好きで、気持ちがまったく変わらないこと。お気に入りという以上の特別な共感と執念を持っていること――。

書けば書くほど言葉が上すべりしていくようで、どこかで聞いたことのあるような平凡な言葉になってしまっているような気がして、それは自分の気持ちをきちんと写し取ってくれていなかった。本当に好きなものに対しては言葉ってこんなにも効かないのか、とつくづく嫌になった。


黒岩さんや佐久間さんを含めて、今まで会った人はいわば「旅の恥はかき捨て」というような、「玉砕してもかまわない」という気持ちがあって、失敗しても失うものがなかったから大胆に行動できている面もあった。

けれどガケ書房はずっと自分の中で方位磁針みたいにして大事にしてきたものだから、山下さんに怪しい人と思われてガケ書房が遠ざかってしまったらつらい。でも、自分の気持ちはもうここまで来てしまった。今日まで山下さんとのあいだには、黒岩さんのように自然に話すチャンスなんて何もなかったのだから、不自然でもこうして近づく以外にはない。頭がおかしい人のメールと思われても仕方ない。この気持ちが伝えられたことが終点になってもいいと覚悟を決めるしかない。

一発で決めたくて、まどろっこしいやりとりはしたくなかった。

「来月の20日、21日にちょうど京都に旅行に行く予定があるのですが、もしご迷惑でなければ、どちらかの日でご都合のいいところはありませんか？　勝手なお願いとわかっていますので、お忙しいようでしたらお断りいただいてかまいませんし、ご返信も不要です。もしお会いいただけるようであればご連絡ください」

と最後に書いてメールを終わらせた。

もちろん京都に旅行に行く予定などなかった。OKだったらただ行くだけのことだけど、こうして日にちを指定しないと「じゃあそのうちに」となってしまって遠のいてしまいそうだと思ったのだ。そしてなぜこの日を指定したのかというと、その日は自分の誕生日だったからだ。恐ろしくも、山下さんと会うことを自分への誕生日プレゼントにしようと勝手に画策していたのであった……。

思いついてメールをしてしまったあとも、その発想をひとり思い返すだけで恥ずかしくて死にたくなった。しかしメールを送った事実は取り消せないし、もう引き返すことはできない。


そして1ヶ月後の夜8時。

私は京都で、山下さんと会っていた。

山下さんがよく来るという小さなお店は素敵なのだけど気取らず、居心地がよくて、お店の人の体温が感じられるようで、どこかガケ書房に似ていた。

緊張して、喉《のど》と舌と顎《あご》が口の中で貼りついているみたいに感じた。

もし山下さんに、

「で、何の用なんですか?」

と言われたら、

「いやほんとに用は何にもないんです、すみません」

と言うしかなかったのだけど、山下さんはやさしくて、まるで話をするのが当たり前の関係かのように、

「花田さんは……ヴィレッジヴァンガードでずっと働いてるんですよね。え、メールに書いてあったけど、京都にもいたことあったんですか？　いつぐらい?」

と普通に話を始めてくれたのでとてもありがたかった。

最初は自分が気持ち悪い緑色のドロドロした化け物になって山下さんの前に座っているようないたたまれなさがあって、汗が額からボコボコ浮き出してきそうだったが、話しているうちにだんだんと地に足がついて、呼吸が楽になって、自分が戻ってきた。そうなると話したいことも聞きたいこともたくさんあって、永遠に話していられそう

な気がしたし、リラックスしてくると、山下さんも、

「〇〇〇〇の本って売れてる？　うちでもよう売れるわ。僕は全然好きやないけどな」

と意外な本音を聞かせてくれたり、子どもの頃の話やエロ本の編集者だったこと、ガケ書房を始めた頃の話を聞かせてくれて、気が抜けてたくさん笑ってしまった。

　トイレに立った帰りに手を洗うと見慣れた自分の顔と鏡越しに目が合った。この今の状況がうれしい、というよりは不思議でしかなく、不思議ないきものと目が合ってしまったような、全然知らないとても遠くに来てしまったような気がした。

　最近流行りの白っぽい、ていねいな暮らしを礼賛するような本について。セレクトショップといわれる書店のあり方について。店の選書について。そんな話も惜しげなく聞かせてくれた。山下さんの選ぶ本が、あの空間が好きなんです、と私が言うと、

「店の本は僕の趣味で選んでいるわけやないよ。僕の好みやなくて、お客さんの好みやな」

と山下さんは言い、そこからお客さんと店との関係性についての考えをさらに聞かせてくれた。

「でも、そうだとしても、お客さんは山下さんが選んだ本だと思って買いたいんじゃないですか？」

山下さんの言っていることも理解できたし、それでもあの店はやっぱり山下さんだ。まだまだ聞きたいことがたくさんあった。何にせよ、こんな話を対等な立場でさせてもらえるというのが信じられなかった。

あっという間に閉店の23時になっていた。店にはもう私たちしかいなかった。

山下さんは、それでも最後まで「そろそろ行きましょうか」と言わないでくれた。私ももったいなさすぎて、いつまでもその言葉を言えなかった。

山下さんはまるで帰らないと決めている人のように微動だにせず、「あのね、それでね」と小さい子どもが話すのをずっと聞き続けてくれるお父さんのようだった。

山下さんは一度家に帰ってから自転車でここまで来てくれたらしく、帰り道の途中に私の宿泊先があるから、と自転車を押して宿まで送ってくれた。宿の前でお礼を言って別れ、遠くなっていく山下さんの自転車を見送った。

宿のベッドの中で、すぐ眠れるはずもなく、私は天井を見つめ続けていた。遅れて届いた、叫びだしたくなるような幸福感を嚙みしめ、気がついたら布団をものすごい力で握りしめていた。

こんなすごいことがあるんだ。

クロスワードパズルのたったひとつの解答が連鎖的にすべての解答を導き出すとき

のように、このささやかな夜は私の魂を決定づけた。

解けたからわかる。私が突き付けられているような気がしていた普遍的な議題――たとえば「独身と結婚しているのとどちらがいいのか?」「仕事と家庭のどちらを優先すべきか?」「子どもを持つべきか持たないべきか?」――そもそもの問いが私の人生の重要な議題とずれていたのだ。こんな問いに立ち向かわされているとき、いつも自分の輪郭は消えそうで、きちんと答えられなくて不甲斐《ふがい》ない気分になることは、自分がいけないのだと思っていた。でも今夜、この今、自分の輪郭は電気が流れそうなほどにくっきりとしてぴかぴかと発光していた。

もう普通の幸せはいらない。恋愛も結婚もいらない。お金も安定もいらない。何もいらない。ただ今日見た光を信じて生きていこう。

自分の求める幸せが何なのかはっきりわかった。そんな夜だった。

第7章

人生初のイベントは祖父の屍《しかばね》を越えて

季節は冬になろうとしていた。

横浜駅から徒歩10分とは思えない、静まり返った住宅街の行き止まりに、ごく普通の2階建ての民家がある。今流行りのおしゃれな古民家リノベーションとかではない、いちばんダサい感じの、友達の実家みたいな家。そこが喫茶「へそまがり」だった。

コワーキングスペースのTには相変わらず出入りして遊んでいたが、ある日Tにこの店主さんが遊びに来ていた。話を聞くと、なんとその人も昔ヴィレッジヴァンガードの店長をしていたという。そんなふうに知り合ったのがきっかけで、ときどきこの店にも行くようになった。

ここもまた、Xで出会ったIT系の人の軽やかな雰囲気とも、面白い書店員の人たちの雰囲気とも違う、独自のドリームランドだった。店内は畳の部屋がメインで古臭い座布団が敷かれ、壁回りには本棚にぎっしりと漫画が並んでいた。その多くは醤油《しょうゆ》で煮しめたような色をしていたが、直筆のＰＯＰがつけられていてどれもそそられたし、前から読みたかった古い漫画が見つかってうれしくなったりした。

ここでは漫画に没頭してもいいし、ファミコンをやってもいいし、飲んだくれてもいいし、店主や他のお客さんとしゃべったりしてもいい。何も調べずにふらっと立ち寄ると、誰かが弾き語りのライブをやっていることも多かった。お客さんはだいたい貧乏人で、社会に適応できず、古本と、静かな呟きみたいな音楽を愛している人たちばかり。

夢みたいに居心地のいい場所だな、と思った。「ダメ人間でも生きてていいよ」と肯定してくれるような、私が入社した頃のヴィレッジヴァンガードみたいな空気があった。

ある日のこと。「今度ここでイベントをやろうと思うんだけど、花田さんも参加してくれない？」と店主に声をかけられた。

「最近読みたい本がなくってさ。だからみんなが俺に、俺の好きそうな本をすすめてくれないかなーと思って。それで誰のすすめる本がいちばん読みたくなったかっていうのを競う、という俺による俺のためのイベントなんだけど」

「面白そう！　私もすすめたい！」

プレゼンターは私を含めて4人。横浜の白楽《はくらく》で古本屋をやっているツイードさん、書店で働きながら文芸の同人誌を作っているソントンさん、それからこの時期「へそまがり」の2階に居候《いそうろう》していたしんじくん。

ゆるいビブリオバトルのような形式で、店主以外にも何人か常連のお客さんも見に来てくれた。

私はここぞというときの、とっておきの2冊で勝負することにした。

「1冊目はこれです。ラッタウット・ラープチャルーンサップというタイの作家による『観光』という本です」

これは内容が最高なのはもちろんだが、紹介映えする本でもある。まず、タイ、というところが珍しいいし、これを書いた後、この作家が消息不明になってしまった、というエピソードもあって、どうにも生々しい興味を持ってもらいやすいのだ。

「これはタイが舞台になっていて、貧困の中で生きる人たちの日々を瑞々《みずみず》しく切り取った本当に美しい短篇小説集です。悲しい話が多いのですが、それでも懸命に今を生きる人の姿がきらきらと心に残り、さわやかな希望を感じるような作品です。まだまだマイナーな作品ですが、海外文芸好きからはすでにかなり高く評価されています。それに海外文芸特有の翻訳の言い回しが苦手な人にも、これだったら違和感なく読んでもらえると思います」

みんな興味深そうに私が持参した本を手に取ったり、ページをめくったりしてくれている。

「へえー、これは知らなかったな」

「面白そう」

本をのぞき込む人の横で、追い打ちをかけるように、

「特にこの、『カフェ・ラブリーで』っていう、思春期の兄弟が風俗みたいな場所に初めて行って、弟が怖くなって泣き叫んで兄も未遂に終わり、2人でバイクを飛ばして帰るっていう話とか、切なさと美しさがすごくよくて。あ、あと、このラストの『闘鶏師』っていう話もすごくよくて」

と、ついついあれこれ説明してしまう。

「2冊目はこちら。これは名作というか、かなりの怪作だと思います。現代美術家の会田誠さんの『青春と変態』という小説です」

こちらは『観光』と違って読者を選ぶが、この場ではクリアしているだろう。

「この本は……『会田さんの実話かも』と思わせるような仕掛けを施しながら、高校生時代のスキー合宿のことが日記のようにノートに綴られていく形式で語られます。が、そこに書かれるのはどんなさわやかな恋愛も吹き飛ばすようなスカトロ嗜好というか、恋する相手の排泄する姿を覗き見たいという欲望なんです。私自身、そういう性的嗜好には興味がないどころか、そこで『うわ……気持ち悪いかも』と思って読むのをやめたくなったほどなのですが、なぜか明るさと面白さがあって、つい読み進めてしまったんです。そうしたらもう、本当に面白くて面白くて。ラストにはミステリーのようなどんでん返しの仕掛けもあり、普通の小説では絶対に味わえないような言いようのない感動があります。会田さんは以前『天才でごめんなさい』という題名の個展を開催していましたが、言葉通り、本当に天才としか言いようのない、唯一無二のめちゃくちゃに面白い本です！」

この紹介には、店主もだいぶ強く関心を持ってくれたようだったのでうれしかった。

他の人たちもそれぞれに、店主が今読むにふさわしいと思われる本を熱を持ってプレゼンする。

笹井宏之さんの『えーえんとくちから』のような歌集や、クラフト・エヴィング商《しょう》會《かい》の不思議な架空の世界を描いた『クラウド・コレクター』、『老師と少年』という哲学書、『神との対話』という宗教の本など、挙がる本もバラエティーに富んでいて、本当に聞いているのが楽しかった。どの人の紹介も引き込まれるような熱のこもったプレゼンで、お世辞でなくどの本もすぐに読んでみたいと思ったし、他の人も同じことを感じたようだ。

結果、私がすすめた『青春と変態』は見事、店主の「読んでみたい本グランプリ」に選ばれた。会は一応終了したが、その後もみんなで車座になってしばらくおしゃべりしていた。

「ほんと面白かった。人の本のおすすめを聞くのってやっぱりいいですね」

「なんか、またやりたいですよね」

「そしたら、今日みたいな感じでお客さんを呼んで、ひとりずつのお客さんに対して、その人の読書傾向とか悩みに対して、みんなでよってたかって本をすすめるってイベントはどうですか？」

私が提案すると、参加者のソントンさんとツイードさんが賛同してくれた。

「できるかなあ。でも面白そうですね！」

「じゃあ、ちょうどお店にこたつが出てるから、こたつの三方に我々が座って、ゲストの人に最後の席に座ってもらって」

「ひとりずつ順番に呼ぶ感じですよね。お医者さんみたいな？　カルテとか作ったりして！」

そんな風に話が盛り上がり、言い出しっぺの私が主催してイベントをやることになった。身内みたいなものとはいえ、イベントを主催して、お金を払ってもらって、お客さんを呼ぶ……なんて。1年前の自分にはまったく考えられなかったことだ。そんなこと、私にできるのだろうか。

お客さん、来るのかなあ。ここのお客さんみたいな濃い人たちに、満足してもらえるような本の紹介ができるだろうか？

不安もあったけれど、こたつで、3対1で本の紹介責めをするイベントなんて見たことがない。想像するだけでワクワクして、不安を上回っていた。

「へそまがり」の店内やブログでイベントの告知を始めると、常連さんやTの友達の何人かが参加表明をしてくれてほっとした。お客さんがゼロだったらと思うとやっぱりつらいから、事前に「行くよ」と言ってくれる人の気持ちが本当にありがたかった。

イベント前夜のことだった。

携帯電話に、父親からの着信が残っていた。胸騒ぎがした。普段はショートメールのやりとりをするくらいで、ほとんど連絡は取らない。あわててかけ直した。

「ああ、菜々子？　ありがとね、電話折り返してくれて。……さっきね、じいちゃん……亡くなったから」

「ああ……うん」

祖父の状態がよくないことはわかっていた。1週間ほど前にお見舞いに行ったときは、もうずっと眠っているようで、会話することはできなかった。会話できなくても聞こえていることがある、という話を聞いたことがあったので、なるべく大きい声で「じいちゃん、また飲みに行こうね！」と言って帰ってきたのが最後になった。

「それで明日お通夜になったから。帰ってこれる？」

「明日……。明日…………は……ちょっと………ちょっと、用があって、えーと、どうしよう」

「祖父の通夜」に対して、イベント、という明るくふざけた楽しそうな単語は、さすがに口にするのが憚《はばか》られた。が、しかし、祖父の通夜に対して「ちょっと用」もずいぶんな言い方ではある。ありえないだろう。しかも遠方に住んでいるわけでもなく、電車で1時間もあれば帰れる距離だ。

父親はあきらめているのか、絶句しているのか、どう受け取ったのかはわからなかったが、

「そう……まあ、任せるよ」

と言って電話を切った。

心の整理もつかないまま、いっしょにイベントを行う後の2人にメッセージを送る。

「実は今日祖父が亡くなってしまって、明日お通夜ということなんです。どうしよう！　延期するべき？　でも、もう来てくれると言ってる人もいるのに延期なんて……」

2人とも極めてやさしく、

「本当にどちらでも大丈夫ですよ。延期しても、お客さんもわかってくれると思うし、また来てくれると思うし。無理せず、花田さんの気持ちを最優先にしてください」

「もし中止とか延期するにしても、参加表明してくれてる人には個別に連絡取れるから、そこまで迷惑かけるっていうふうにならないですよ」

と返信をくれた。心のこもった言葉に泣きそうになった。


一度布団に入ったが寝付けずに、部屋着のままコートを羽織って外に出る。

家からみなとみらい方面に向かう道は、昔映画で観た世紀末みたいで、好きな散歩コースだった。雑草の生い茂る空き地があちこちに広がり、高速道路が低いところを何重にも交差する。空き地のあいだにときどきぽつんとある駅や高層ビルだけが妙に未来っぽさを出していた。

ひと気がなく、しんとした空間の中をあてもなく歩く。

大好きだった祖父。真面目な両親のあいだに生まれ真面目な家庭で育った私は、同じ家の中で祖父だけが同じ不真面目派の味方だった。お酒が大好きで、大学時代は家に帰る終電でよくばったり会った。他の家族からは、

「なんであの2人は毎日のように終電で帰ってくるのか。そんなに外をほっつき歩いてて何が楽しいのか」と呆《あき》れられていた。大人になってからいっしょに出かけることなんてなかったから、駅から家までの短い距離を、共犯者みたいな気持ちでちょっと酔っぱらって2人で歩く時間は不思議な、おだやかな時間だった。

祖父は浅草の老舗《しにせ》「神谷《かみや》バー」で顔と名前を覚えてもらっている常連なのだ、というのが自慢で、そんな祖父に子どもの頃から何百回も聞かされたのが「菜々ちゃんが大人になったら、菜々ちゃんのボーイフレンドと3人で神谷バーに飲みに行きたいなあ。でも大人になったら『こんなジジイと飲みに行くなんて嫌だよ！』って言われちゃうんだろうなあ」という夢と、それが叶わないことへの心配だった。そのたびに「そんなこと言わないよ。20歳になったら連れてってね。彼氏を紹介するからさ」と私も何百回も繰り返した。

いつでもできそうなことは後回しにしてしまいがちだけど、この件に関してはめず

らしく早い時期に実現させていた。その彼とはもうとっくに別れてしまって連絡も取っていないが、いっしょに行っておいて本当によかったと思う。もし実現していなかったら一生後悔しただろう。でももっと、何回でも、2人でも、たくさん行っておけばよかったのだ。

そう思うと、覚悟していたこととはいえ、祖父がもうこの世にいないという悲しさが改めて胸に込み上げた。

やるべきか。やめるべきか。本当にお通夜に行かなくていいのか。お通夜に行かなかったこと、本当に後から後悔したりしないのか。

悩みに悩んだが、最終的に、イベントを決行しよう、と決めた。

不良仲間の祖父が最後に「二択で悩んだときは自由な生き方の方を選択しろ」というメッセージをくれたのだろう、と都合よく解釈することにした。祖父ならきっと、お通夜を欠席して初のイベントをやる自分の背中を押してくれるに違いない。祖父の通夜に行かない選択ができるなら、もっとそれ以下の選択肢のときは楽勝に、自由な生き方を選択できるはずだ。

認知症だった祖父はもう記憶にないかもしれないけど、私たちは自由同盟を結んだ仲じゃないか。ジジイ、悪いが屍《しかばね》越えさせてもらうぞ。

翌朝。窓を開けるとびっくりするような青空だった。

「やっぱり予定通りやります。お騒がせしてすみませんでした」

メッセンジャーで2人にそう宣言してしまうと未練が消えてすっきりして、これでよかったんだ、こっちで合ってた、っていうか合ってたと思えるようにしよう、絶対楽しいイベントにする、と、ドミノがパタパタと軽く倒れていくような感触で覚悟が決まっていった。

なぜか「自由に生きる」という謎の決意を固めて臨むことになった、人生初の主催イベントの幕開けだった。

＊

狭い一軒家にたくさんの人が集まってくれていた。知っている人もいたが、今日初めて会う知らない人もたくさんいる。みんな、なんか面白そうだ、ぜひ本をすすめてもらおうと思ってわざわざ来てくれた人たちなのだ。

みんなそれぞれ思い思いにこたつに入ってビールを飲んだり、まわりの人と話した

りしている。主催者として、お客さんの話し声に負けないように大声で、

「今日は集まっていただきありがとうございます！　ではこれよりイベントを始めます！　多くの方にお集まりいただいたのでおひとりあたりの時間は10分を予定しています！　では皆さん、順番に！　前の方が終わったら呼びますのでこちらのこたつにいらしてください！」

と開会宣言する。


Xで会った人たちは「普段本を読まない」という人も多いのだが、この店の常連さんはもともと本や漫画が好きで自分の好きなジャンルを追求している人が多く、クセも強い。さらに、フリートークのついでという形でなく、序盤から本の話なので、その濃度とスピード感は普段Xでやっていることとは比べ物にならなかった。


1人目。悠香《ゆうか》さんという19歳の大学生。

「こんな本が読みたい、というの、何かありますか？」

「あのー……恋とは何ですか？」

思わず3人でどよめいてしまう。

「えーと。普段はどういう本を読んでるんですか？」

「何だろう……でも三島由紀夫とかは好きかも。この前授業で尾崎翠《おさきみどり》の『第七官界彷徨《だいななかんかいほうこう》』について話し合いをして。それで恋が何なのかということが引っかかって。先生が『ここに出てくる人たちは恋に恋している人たちの話だ』と言っていて」

「……もしかして、ご自身の状況になぞらえての悩みでしょうか？」

「はい。めちゃくちゃ好きな人がいるんですけど」

また3人でどよめく。

「私の好きなAさんはBさんという女性を好きで、Bさんは別に付き合ってる彼氏がいたわけです。だから私、いけるかも、と思ってたのですが、Bさんは彼氏と別れてAさんと付き合うと。そして私はAさんとBさんの恋愛を応援する……ということになったのですが結局BさんはAさんを振って前の彼とヨリを戻すことになり、私の好きなAさんは精神的に病んでしまって」

私が口火を切る。

「栗田有起さんの『お縫い子テルミー』をおすすめしたいです。

最高の片想い小説だと思います。女装のシンガーに叶わぬ恋をするんですが、その人をモノにしよう、じゃなくて、その人に恥じない自分で生きよう、って自分が自立することにつながっていく。その人が美しく生きていることが自分の生きる支えになってる、みたいなそういう話で」

「読みます！」

やった！　1ポイントだ！　って特にポイント制ではないけど。

「僕からは、男ゴコロがわかるような本を紹介したいなあと。森見登美彦の『夜は短し歩けよ乙女』とか村上龍の『69』とか東野圭吾の『あの頃ぼくらはアホでした』とか読むと、男も女のことがわからなくてぐちゃぐちゃ悩んでいるのがわかると思います」

矢継ぎ早にソントンさんがすすめてくれて、私もまた思い出してさらに重ねる。

「片想いといえば西加奈子の『白いしるし』もいいんですよ。手の届かない人を好きになって夢中になって、失恋した瞬間に真っ白になってしまう、みたいな。叶わない恋っていうのはこういうものだなというのをすごくリアルに描いていると思います」

続いてツイードさんが、

「僕は、さっきの悠香さんの話を聞いてプラトンの『饗宴《きょうえん》』がいいんじゃないかなあと。これ、恋とか愛とかがしつこいくらいに書いてあって。プラトニックラブのプラトニックも、プラトンから来てるんですよ」

とつなげる。悠香さんは頷きながら、

「ああ～、恋と愛の違い。うーん、愛って何なんでしょうね……」

と、そんなふうに楽しく、かつ真面目に話して、最初の10分は終了した。

続いてこたつに入るのはこの店の常連でもある朝子ちゃん。みんなから愛されているマスコット的存在の女の子だ。

「せっかくのこういう機会なのでパッと見の印象で『これ読んだら？』っていうのを聞きたいです」

「それ自分も聞きたい！　やってもらいたい！」

思わず3人でハモってしまったが、こういう楽しい依頼はイベントっぽくて盛り上がる。

ツイードさんが自信たっぷりに断言する。

「僕の第一印象は小川洋子！」

「すごいわかる！」

私も2人に続く。

「私は武田百合子とかいいかなあ、と思った。あと、サガンとか。武田百合子だったら『富士日記』から、サガンはまず『悲しみよこんにちは』からかな。

『悲しみよこんにちは』には思春期特有のクールさだったり残酷さみたいなものがあ

って、日本の小説にはないような雰囲気を味わえると思う」

「カフェで、この雰囲気でサガン読んでたらモテますよ」

ソントンさんが付け加えて茶化す。

いつの間にか話が脱線して「何を読んでたらモテるか」になってるが、朝子ちゃんも楽しんでくれているようだった。さらにソントンさんがおすすめする。

「漫画ですけど、谷川史子とかどうですか？　短篇が多いんですが、どれも大人向けで、さわやかだけどきれいごとじゃない恋愛を描いてると思います。特に個人的におすすめなのは『積極』かな。僕が短歌を好きになるきっかけにもなった作品です。カフェで読んでても、うーん……モテると思います」

「はい、モテるように、がんばっていろいろ読んでみます。ふふふ」

こんな成り行き次第のおすすめトークもまた楽しかった。場の雰囲気やもともとの顔見知りである、ということもあるけど、3人だと自分が考えているうちに他の2人がつないでくれるのでテンポがいいし、なんといっても情報量が3倍だ。

次も若い女の人。みのりさん、といって、今日は友達に連れてこられたという。

「人にすすめられて読むってことがあんまりなくて。太宰治、町田康、西村賢太とかが好きでのめり込んで読みましたが、最近はのめり込めるような作家もいません」

と、第一声からなかなかに本を読んでいるのだろうな、という話しぶりだった。

「なるほど。じゃあ舞城王太郎なんてどうでしょう」

　ツイードさんが口火を切る。

「ああ……もう読んでます。好きですけど」

　すかさず私が援護射撃する。ここからしばらく私とみのりさんの卓球のようなやりとり。

「じゃあ海外文芸はどうでしょうか？　ケッチャムという人がおりまして、『隣の家の少女』という本があるんですが……」

「あ、すみません、それももう読んでます」

「うーん、じゃあブコウスキーなんてどうですか？」

「手に取ったことはあるんですが、あの翻訳の感じがちょっと苦手というか」

「女性作家はどうですか？　鈴木いづみとかは？」

「好きですね」

「じゃ、じゃあ漫画ですけど、最近の人で史群アル仙って人がいまして」

「好きです」

「なるほど、そうですか、うーん……あれはどうだろう、車谷長吉《くるまたにちょうきつ》の『赤目《あかめ》四十八瀧《しじゅうやたき》心中未遂《しんじゅうみすい》』」

る。

思い出せる弾はすべて使い切ってしまい、撃沈した。交代であとの2人が撃ち始める。

「うーんうーん……ちょっと今、探します。頭の中」

「好きです」

「吉田知子って知ってます？」

「いや、それは知らないです」

「お好きかもしれないです。最近愛知の小さい出版社から選集が出たんですよ」

「そうそう。町田康が最後に解説というか、作品に対しての〈問い〉を書いていて」

「なるほど。……あの、そうですね、自分の気に入りそうなものというより、まったく新しいものをすすめてもらう方がいいのかもしれません。国内のSFとか、まったく知らない世界なので。抒情的な要素があれば読めるかも、と思っています」

「だったら野崎まどっていう、ラノベ出身の作家がいるんですが、『2』っていう作品がいいです。最高の映画って何なのか、という定義に向かって挑戦していくはちゃめちゃな作品です」

風向きが変わったので私も気を取り直してもう一度挑戦する。

「私は、SFってほどではないんですが、叙情的……というワードから思いついたのがカズオ・イシグロです」

「名前はきいたことありますが読んだことないです」

「やった！　ぜひ『わたしを離さないで』を。全寮制の学校にいる子どもたちの生活が描かれるのですが、どことなく不穏さを感じさせるもので。ミステリーのような『ネタバレ禁止』的な性格を持ちつつ、最後まで読んだときに考えさせられるというか、深く感動が残るような作品です」

　ここまできてやっと私もみのりさんの知らない本を1冊紹介できた。ツイードさんが続ける。

「星新一とか広瀬正はどうですか？　星新一ならショートショートで読みやすいし、長編がよければ広瀬正かも。これからSFを、ってことでしたらおすすめですよ」

　ソントンさんがさらに続ける。

「あとは大森望っていう人が責任編集している短篇集で『NOVA』っていう文庫が10くらいまで出てるんですが、よい作家さんがたくさん参加してるのでその中からまたお気に入りの作家を見つけてもいいかもしれないです」

「ああ、広がりそうですね。ぜひ読んでみます。ありがとうございます」

　地獄のような10分だったが、なんとかこうして切り抜けた。

　とはいえ、他の人も多かれ少なかれ似たようなもので、年間に500冊くらい読んでるという文学研究者みたいなソントンさんの師匠が冷やかしに来たり、「言語学についての面白い読み物を」とか「ボラーニョの『2666』を読み終えたのですが次は何を読めばいいでしょうか?」とか、ハードモードなお題ばっかりで、息も絶え絶えだった。それに今までのXでのやりとりとは比べ物にならないくらい「それは知ってます」「もう読みました」「そっち系じゃなくて」という打ち返しも多く、ひとりが沈んではその間に一生懸命他の本を思い出してたもうひとりが、「じゃあこれは」とつなげる、ということの繰り返しで、3人いてやっとぎりぎり成り立っている、という状態だった。

でも、苦しくて大変だったけど、本当に苦しい、というのともまた違って、こんな空間だからか、お客さんとどうでもいい話を交えたり、全然違う話に脱線したり、他のお客さんが会話に乱入してきたり、差し入れにと1杯ずつお酒をおごってくれたりと、イベントは終始にぎやかだった。

私たちは緊張も手伝って、いつもより若干ハイテンションで3時間以上しゃべり通し、合計15人のお客さんに本を紹介し終えた。

来ていた全員との話が終了し、イベントの終了と来てくださった方へのお礼を伝えると、狭い会場に拍手が響き渡った。

疲れ果て、燃え尽き、試合を終えた『あしたのジョー』のように白い灰になってしまいそうだった。横に目をやると2人もぐったりしていて視線は宙を泳いで定まらず、死にそうな顔をしていた。

イベントに最後まで残ってくれていた人たちを出口でお見送りする。

みのりさんと目が合い、思わず声をかけた。なんとか1冊おすすめできたとはいえ、みのりさんのためになるような本の紹介があまりできなかったのがちょっと心に引っかかっていた。

「みのりさん、あの……なんかあんまり知らない本紹介できなくて、すみませんでした」

「いえいえ。今日はすっごい楽しかった。うん、ほんとに楽しかったです」

「え、そうですか？　てっきりお役に立てなかったかと……」

「本は大好きなんですけど、普段わかってくれる人まわりにいなくて。こんなに本のタイトルたくさん出して、こんなにいっぱい本の話したのって初めてでうれしかったです」

それは予想外の感想で、心に残った。

今まで人に本を紹介する、ということを少し上から目線でとらえていたのかもしれない、と思う。

本の知識と、相手を分析して見通す力はどちらも本を紹介する上でもちろん必須のものだし、自分の持てる力をすべて使ってやってきた。「知識はないですがその分気持ちでがんばります」というのは甘えだと思うし、力不足、知識不足を感じて悔しく思うことはXのときも、一度や二度ではなかった。

でも知識や分析力だけでもまだ何かが足りない。


上から目線で「知らない人に教えてやる」ことが本をすすめることだとしたら、自分より知識がある人に対して、自分の存在価値はない。自分がしたかったのは多分そういう種類のことじゃない。

この頃、他のプロたちが「どう」本を紹介しているのかが気になって雑誌の書評もそんな目で見ていた。有名な書店員が本を紹介するページを見てがっかりしたことがある。「〇万部突破のベストセラー」「〇〇賞受賞」といった本のスペックだけが語られ、内容についても文庫の裏表紙かアマゾンの内容紹介に書いてありそうな、とおりいっぺんの説明だけ。その人の肉声も、その本の魅力もまったくその人によって語られていなかった。知識量はあるのだろうし、書評のページではときに書店員は黒子になることも必要かもしれないが、このページの中で、誰かに本の魅力を伝えようとしたのだろうか？

書評が死んでる、と思った。

もうひとつずっと気にかけていたことがある。Xで会って本をおすすめさせてもらったけど、本を結局読んでいない人たちのことだ。Xを通じて何十人もの人たちに会ったけれど、すすめた本を全員がわざわざ買って読んだとは思えなかった。体感として半分いってるかいってないかくらいではないかと思う。だけど、だとしたら読まなかった人に私の紹介は役に立たなかったことになるだろうか。

私はそれでも私の紹介と、その本がその人の役に立ってほしかった。

それで編み出したのが、

「あなたが素敵」＋「この本素敵」＝「素敵なあなただから素敵なこの本がおすすめです」作戦だった。

都会のデパートやブランド店のいちばん目立つ場所に、素敵に輝くドレスがディスプレイされていたとして。ふと通りかかって目が留まり「綺麗なドレスだなあ」と思ったときに、いっしょに歩いてた友人や恋人が立ち止まり、「あなたに似合いそうだね」と言ってくれたら、やっぱりうれしいんじゃないだろうか。その場では照れて「こんな高い服着ていくとこないよ」とか「私この服の倍くらいウエストあるもん」とか言ってしまったとしても、その人が自分を素敵だと思ってくれているからこその言葉だと感じ、少し幸せな気持ちになるだろう。

このドレスを自分が着ることがなくても、そうやって誰かが「あなたはこのドレスが似合うような素敵な人だよ」と言ってくれたら、そのドレスはガラスの向こう側に存在しただけで私に価値をもたらしてくれる。同じことを本でやればいいのだと思った。

「お話を聞いて、○○さんは仕事を通じて他人を幸せにしようとしている人、部下やお客さんのために心から考え抜き、ベストを尽くして走り続けている人なのだと感じました。そんな○○さんにおすすめしたいのが○○○という本で、この本はきっと○○さんが仕事に悩んだり、つらいなと感じたときにかならず寄り添って支えてくれると思います」

経験を重ねていくうちに、こんなふうに本を紹介していくようになった。まず、その人の魅力を語る。感じた魅力と紹介する本を言葉でつなぐ。その本がその人に何をもたらしてくれるかを伝える。

　そうすれば「まだ読まれていない本」もその人のいつかのためのお守りになってくれる気がした。買ってくれなくてもいいし、もし買ってくれてときどきその人の目に映っていたらもっといい。

「つらくなったとき、あの本を読めばそれはすてきな俺をすてきな俺でいさせてくれるものであるらしい」とその人が心の片隅にでも留めてくれたなら、私もその人の前に現れ、この活動をさせてもらった価値がやっと発生するというものだ。

「へそまがり」でのイベントはバカ騒ぎばかりで、そんな立派なお偉いことがどれだけできたのかというと自分でもあまりのできてなさに恥ずかしくなるばかりだけど。

　ハイテンションでしゃべり尽くしたゆえの疲労感もあったけれど、もう十分にやりきったという気持ちでいっぱいだった。前から決めていたわけではなかったが、知らない人に会って本をすすめる、という活動はこれで一旦終わりにしよう、と自然に決心がついた。それはランニングで、５キロ走ったから今日はもうこれで終わりにしようかな、というのに似たさわやかさだった。少しは武者修行もできたのではないだろうか。

これを始めるまでは、本をすすめることは、ただの「本をすすめる」ことであり、それ以上でもそれ以下でもなかったのだから。

そして私は「X」へのショートカットをスマホのホーム画面から削除した。

エピローグ

季節はめぐる、終わりと始まり

惰性で巡回していたいつもの転職サイトで、ある日気になる募集が目に留まった。新しくオープンする複合型の大型書店の社員募集だった。本と人をつなぐ役割を担ってほしい、いろいろな経験を持つ人を採用したいので書店未経験でもＯＫ、ユニークな経歴がある人を歓迎する、という。クリックして見てみると、詳細の欄でも「あなたの個性や経験を、ぜひ面接で、大いに語ってください」としつこく書いてある。

そこまで言われては、と思い、いちかばちか、エントリーシートの自己ＰＲ欄に「出会い系サイトで実際にいろいろな人に会い、その人の話を30分くらい聞いてその人にぴったりだと思う本をおすすめする活動をしていました。この1年で70人以上の人に会い、本をすすめてきました」と書いて送信した。なんとなく自由そうな社風に感じたのでウケるかもしれないし、そんなに世の中甘くなくて普通に落とされるかもしれないけど。

そのエントリーシートはあっさりと書類選考を通過し、面接のときがきた。

1次の面接は集団面接で、こっちが3人、会社側が7人という大所帯だった。私は真ん中に座ったが左の人は元区議会議員、右の人は出版社の編集長をしていたこともある人で、今は有名ミュージシャンのマネージメントをしている、という。すごい人たちに挟まれてしまった。ああ、だめかも。そういう感じの人が受けにくる種類のものだったのか。私の経歴なんてとても平凡だ、と自信を失くした。

私が話す順番がきて、ひととおり志望動機やこれまでの仕事の話をした。

最後に面接官から、

「花田さんは大学を卒業されてからずっと長い間、10年以上をヴィレッジヴァンガード1社でがんばってこられたということですが。……そちらを出られて、もしかしたらここで働いていただくことになるかもしれない、という今、花田さんの心象風景はどのようなものですか？」

という質問が飛んできた。

心象風景……。言われて、まっすぐにそれを見つめてみる。

「ヴィレッジヴァンガードは……」

話す声が震えてしまう。

「何者でもなかった自分に、仕事の面白さ、売るということの楽しさ、仲間と力を合わせて仕事したり支え合うこと、全部を教えてくれた場所です……行く道が分かれて、出て行くことを決断しましたが、…………今は……感謝の気持ちしかありません」

言いながら、涙がこぼれた。何度も考え抜き、心から納得してすでに決心のついていることなのに、その思考のコースを通るたびに涙が出てしまう、面接のときでさえも。

こんな情緒不安定で、しかも出会い系やってるとかエントリーシートに書いてくる意味不明な奴は、やっぱり不採用だろう。結局出会い系のことは少しも触れられなかったし。

……という予想に反し、1次通過の知らせがすぐに届いた。そしてそこには2次が最終面接だと記されていた。

最終面接の日、再び前と同じ小さな会議室に入ると、今度は男の人と女の人がひとりずついるだけだった。どちらも前の面接のときもいた人だ。安心して、ちょっと気が緩む。

すると男の人が挨拶が終わるやいなや笑いをかみ殺すように、

「いやあ、花田さん。今日はもう花田さんの話を聞くのが、もう楽しみでしょうがなくて」と切り出した。

「えっ、そうなんですか。出会い系の話ですか？」

「出会い系、って、普通に言ってるし！　うふふふ！　いや、もう、エントリーシートをみんなで見てて、場が騒然としましたよ。ヤバい奴が応募してきたって」

2人はその新しい店舗のチームリーダー的な存在らしい。女の人の方がフォローするように、

「普通、なかなかできることじゃないと思うんですよね……すごいことだと思います。……それだけ、花田さんの本への情熱っていうのは並外れたものなのかなと思います」

「うーん、そうなんですかね……？」

改まってそう立派なことのように言われてもちろん悪い気はしなかったが、自分の頭に思い浮かんだのが人狼ゲームをしている場面や逆ナンをしている場面だったので、先方が面接で褒めるような「立派さ」とはかけ離れている気がしたし、あの日々は「本」への情熱だったのか？と言われると、違うような気もした。

「もちろん、前回の面接でヴィレッジヴァンガードでのお仕事の話なんかを聞いて、というのもあります。でも、こんな面白いエピソードの人、採用に決まってるじゃな

いですか。ひとりくらいこういうクレイジーな人がいないとね！　花田さんはクレイジー枠での採用ということで。んふふふ」

2人ともニコニコしている。えっ、採用？

「それで花田さんにご担当いただくジャンルのことでご相談なんですが〜……」

あまりにあっけない採用通告だった。

もちろん自己PRのひとつとしてプラスに働けばいいな、という気持ちで書いたことではあったのだが……。しかし、出会い系をやってることを履歴書に書いたことで就職が決まった人って、他にいるだろうか。

すごいな世界。私が思ってたよりもこの世界は愉快なのかもしれない。

長くぐだぐだと永遠に終わらないように思えた就職活動も、こうして突然終わった。

＊

今にも降り出しそうな曇り空。

この駅で降りるのはずいぶん久しぶりだった。もちろんたった1年でそんなに変わりはしないが。

2人がかつて住んでいた場所の近く、西日暮里のルノアールで夫と待ち合わせた。

私は用意してきた離婚届を渡した。店は空いていたが夫はまわりの人に見られたくないと思ったのか、私のサインをちらっと確認しただけですぐに自分のカバンにしまった。

「今日書いて、土日でも区役所で受け取ってくれるみたいだから明日出しておくよ」

「うん、ありがとうね、よろしく」

それからお金の精算。2人で積み立てていたお金があった。別居する際、夫がシェアハウスに住むということだったので大きな家具や家電は別居時に私がほとんど持って行ったのだが、そのほとんどをこれからもそのまま使わせてもらうことになったので、その金額をもとに積立金の分配の話だ。

冷蔵庫：11万円、テレビ：8万円、カリモクのソファー：5万円……と、けっこうな値段がしたものについては定価の半額くらいで私が買い取る計算をして、積立金から差し引きして残りのお金を分けた。金額をそれぞれ確認して、あとは目の前の三井住友銀行のATMで夫の分を渡せば、もうすべてが終了する。

どちらからともなく、今はどこに住んでるの、新しい仕事はどう、○○さんと最近会ったよ、そうなんだ、○○さん、元気にしてた？　……とそのことについて本当に話したいのか、しなくてもいいけどとりあえずしているのかわからないような話をぼそぼそと交わした。世間話がひととおり終わると、夫が「今はまだ無理かもしれないけど、そのうち、落ち着いたらたまにはごはんでも食べに行ったりしたいね」と言った。

私も「うん、そうだね」と答える。

お決まりのような「今までありがとう」を言ってしまうと、もう話が終わりに近づく気配がいよいよして、その後の「こちらこそ」「いろいろごめんね」「ううん、こっちこそだよ」「楽しいこともいっぱいあったよね」「うん、ずっと楽しかったよ」というやりとりも、本音のようで、ただ丸く収めたいだけの会話のような、何かの見本をなぞっているようでもあって、繰り返される2人の「ありがとう」という言葉はまるでゲシュタルト崩壊をして、もうこれ以上何かを言ってしまわないためにしゃべってるような気もした。あまり感情が入らないように。少なくとも終わりは、いい空気の中で終われるように。

ATMコーナーのすぐ前でお別れ、というのもあんまりだけど、

「じゃあね、元気でね」

と言って、手を振って足早に立ち去った。

駅の方に向かうふりをして、最後に自分たちが住んでいたマンションをひとりで見に行った。大通りの向かい側から、自分たちが住んでいた7階の部屋を見上げる。新しい人が住んでいるようで、閉ざされた窓の向こうに、見覚えのないブルーのカーテ

ンがかけられていた。

　なんでこんなことになってしまったんだろうなあ。あんなに楽しいときもあったのに。そう思うと涙が込み上げた。けれどひととおり泣いてとりあえず涙が止まると「よし、これで終わった」という気分にもなったのだった。

＊

「ついに離婚したよー」

　それから数日後のこと。遠藤さんにLINEを送ってみるとすぐに既読がついた。

「おつかれさま！」

　いつもどおりのそっけない返信だ。遠藤さんの2行以上の返信って見たことがないと思っていたら、

「メシ行こうよ！　お祝いの」

とまた1行が追加された。

　というわけで遠藤さんがちょっと高級めの個室居酒屋を予約してくれて、2人で飲むことになった。

2人で向かい合って乾杯する。

「はい、おつかれさまー！」

無邪気なのか、盛り上げようとしてくれているのか、遠藤さんが楽しそうにグラスをぶつけてきた。

「どう、気分は？」

「うーん、悲しい気持ちもあるけど、すっきりしたかなあ」

「まあそうだろうね。ま、菜々子さんなら大丈夫でしょ！　まだ全然いけると思うわ」

「そうかなあ」

「誰かいないの？　バツイチってモテるらしいよ」

「遠藤さんてさ」

「うんうん」

「私とセックスしたいとか思うもの？　どういう感じ？」

遠藤さんは漫画のようにブッと吹き出しながら言った。

「何それ、なんか楽しい話？　それとも怖い話？」

「いや……どっちでもないと思うけど……そういうこと考えたりしてるのかなあと」

「じゃあ言うけど。させてくれるならする！　でもそういう感じじゃなさそうだし、まあこれはこれでいいかって感じ」

「ふーん、そうなのか……でもさ、中学生みたいな質問で悪いんだけど、それって『私のこと好き』って感じなわけじゃないよね？」

「えっ、なになに、怒ったの？」

「全然怒ってないよ。状況整理だよ」

「うーん、好き、ねえ。まあわりと好きな方だとは思うけど。好きって何だろうねえ。そういう風になりたいってこと？」

「いや、それがそうでもないっていうか……まあこの感じがいいのかなっていうか。私も恋愛とかよくわからない。こうやってたまに会うと楽しいし、ほんとに、遠藤さんは今いちばん信頼してる友達」

「やった！」

「でも毎週デートしたりとか、付き合って1周年だからプレゼント〜とか、そういうこと別にしたくないかも」

「ああ、それは俺も。いいんじゃない？　ていうか、もしかしてセックスしたいの？　いいよ！　今からホテル行く？」

キラーン、と擬態語を付け加えながら冗談っぽく言う。

「ううん、行かない」

「ぐぬぬ」

「遠藤さんとできるかできないか、って言ったら全然できるけど」

「やった〜！」

「でも実際問題さ」

「うんうん！」

「今そんなに性欲ないんだよね〜」

それまで前のめりだった遠藤さんが、はあっ、と大げさにため息をついて椅子の背もたれに寄りかかった。

「あのね、そういうこと言わないで！」

「え、何が？」

「なんていうかさ、目の前で飲んでる女が性欲ゼロっていう話がいちばんがっかりするんだよな！　やれなくてもいいんだけど、男は『やれるかも』っていう希望だけで生きていけるんだよ〜！　だから俺に対してじゃなくていいから『今わたし性欲がすごくて』って話してくれる方が全然うれしい」

独自の理論はまったくわからなかったが、とりあえずくだらない話なことは間違いなかった。

「だから、菜々子さんのことも『いつか気が変わってやらせてくれる日が来るかも』

っていうのがあればそれでいいの。それだけで俺は、もう気持ちよくおごれるの」

「あ、いつもごちそうさまです……。でも、そうなんだ？　気を持たせるような言い方をする方が男子に不評なのかと思ってた」

「いやいや、だってさ、やらせてくれそうでやれない女っていうのがいちばんいいじゃん」

「はあ……まあ、わかんないけど、じゃあ期待を持たせるように話す、なるべく」

冗談半分で適当に言うと、その適当さを見越して遠藤さんがさらに調子に乗って言う。

「いいね！　じゃあ菜々子さんが性欲全開で誰でもいいからしたい～ってなったときは言ってよね。そうだ、そしたらハプニングバー行こうよ～！　俺1回行ってみたいんだよね～」

すでに夢が膨らみ始めているようだった。

思えば第1夜からやれるチャンスがあったのにお互いそういうムードを出すでもなく、どちらかがぐいぐい行くわけでもなく、コミュニケーション能力はあるのに恋愛力の低い2人なのだろう。色気はないけど、こうしてあけすけに話せる関係は心地よかった。

「まあさ、でもこんなことさんざん言っといてあれだけど、菜々子さんはいい人見つかると思うし、俺はほんとに幸せになってほしいと思ってるよー」

冗談っぽく言ってくれる一言が本音だと知っていて、心に響く。

それに、まあたしかに「誰でもいいからセックスがしたい!!」という瞬間が来たときの保険があるというのもありがたいことなのかもしれない。って、このまま遠藤さんとは一生しないような気もするが。

「まあでも、元気そうでよかったよ」

「何が？　離婚のこと？」

「とかさ、いろいろ。会った頃は仕事のこともしんどそうだったしさ！　でもなんか前進んでるもんね」

「うん。遠藤さんのおかげだよ」

「なんでだよ！　俺全然関係ないし！」

笑い飛ばしながら、店員さんを呼び止めてビールのおかわりを注文している。

こんな夜が、友情が、自分を支えている。

2月にしてはだいぶ暖かい、春のような日。

今日でこの街ともお別れだ。新しい職場は横浜から通えないことはなかったのだが、退職すると社宅として借り上げている今のマンションは一旦退去しなければならず、引き続き住むには手続きも面倒なので、次の勤務先の近くに引っ越すことにしたのだ。ただ、そのことはともかくとして直近の問題としてまずいのは、あと3時間で引っ越し業者が来るのに、荷づくりがまったく終わってないことだった。あわただしく梱包作業に取り掛かるがあと3時間で片付く気配がまったくない。

そこへ近所に住む鉄さんからメッセージが届く。

「昨日本棚に入ってた本で気になった本があるんだけど、もう箱の中かな？　それなら全然いいんだけど、本返しに行くついでにまた借りれたらと思って。返すのは新しい勤務先まで出向きますので」

そもそもなぜこんなにギリギリになってしまったのか。昨日も絶対本気でがんばろうと思っていたのに、結局Tの人たちが大勢で遊びに来て、マリオカート大会（スーファミ）になってしまったからなのだ。

引っ越しが決まってからTの友人たちが連日遊びに来てくれていた。鉄さんもそのひとりだった。みんなで闇鍋をやったり、ゲームをやったり。あと少しで引っ越すことが決まっているからこその、期間限定の夏休みのような日々だった。大人の彼らは小学生時代の下校を促すチャイムのように夜中12時を目安として、いつも12時を回ると「そろそろ帰ろうか……？」と、なんとなく連れ立って帰っていった。

日常的に人が遊びに来て、どんどん家に慣れて勝手に冷蔵庫を使ったり、勝手に人の本棚の整理を始めるような日々は新鮮で、まるでリア充のようで、毎日が楽しかった。彼らが帰って部屋がしんとするとどっとさみしさが押し寄せたが、そんなさみしさを味わうのも好きだった。

というわけで、鉄さんには申し訳ないが騙し討ちすることにした。

「本あげるんで今から取りに来てください!!」

やってきた鉄さんは結局荷づくりに参加させられるどころか、引っ越し業者が来てからもゴミ出し、掃除機かけなどやるはめになり、引っ越し業者からもこの部屋の住人と信じ込まれて「これは新居に運ぶんでしたっけ？　捨てるんでしたっけ？」と聞かれたりしていた。

最終的に解放される頃には日が落ちかけ、空がオレンジ色になっていた。

「おかしい……。本を借りに来ただけなのにもうこんな時間とは……」

考えてみれば、今まで転勤続きで「地元の友達」なんていたことがなかったから、引っ越しに誰か友達がいてくれることも当然なかった。

なんで横浜に友達がたくさんできたんだっけ?と思い起こせば、そうだ、江崎さんにXで会って、Tに連れて行ってもらって、そこから仲良くなったんだったなあ、と改めて思い出す。

もちろんXがなくても作ろうと思ったら地元に友達はできたのかもしれないけど。それまではそんな発想すらなかったのだ。どっちが本当の私なんだろう?　人見知りな性格も嘘じゃないはずなのに。

横浜は縁ができすぎてしまって、今まで去った街と違って、これで最後になるとはやっぱりまったく思えなかった。

交差点で、道路で土下座したいくらいの気持ちとともに何度もお礼を言って鉄さんと別れる。

「本、ありがとう。また新しい職場にも遊びに行くからね」

「私もまた、すぐ遊びに帰ってくると思う!　じゃあまた!!」

オレンジから紫色に暮れていく空の下で、私は横浜駅に向かって歩き出した。

新しいマンションへの搬入作業が終わったのはもうあたりも真っ暗になった頃。すぐ使う日用品を箱から出したり、TVの線をつないだり、無理やりスペースを空けて今日の寝場所を作ったりしていたらあっという間に23時を過ぎていた。

空腹なことに気づいて、お財布だけ持って知らない夜の街に出る。どこに何があるのかわからなすぎて思わず笑ってしまった。

小さな橋を渡りふらふらと大通りに辿り着くと、名前も聞いたことのないファミレスがぽつんと建っていた。営業時間を確認して中に入る。

こんな時間だというのに、カップルや学生のグループ何組かが楽しそうにごはんを食べたりしゃべったりしていた。

注文をすませ、窓の外に目をやる。

見慣れない色の空っぽのバスが何台も目の前を通り過ぎていく。新しい街に来たんだな、これからはこのバスに乗って生活したりするのかな、と想像する。

深夜のファミレスはいつでも宇宙船のようだ。どんな気分のときもやさしく夜を遊泳させてくれる。

1年前、居られる場所がなくてファミレスで絶望していたあの日。楽しいことなんて何もないように思えた。そこから川をのぞき込もうと身を乗り出した私は、転がって、ただ大きな流れに流されるように、流れて、流れて、気がついたらこんなところに打ち上げられていた。そしてもう前にいた場所のことは思い出せない。女はすぐに過去を捨てて残酷だというけれど、私もきっとそうで、結婚生活のことを思い出して感傷的に涙を流すこともうなくて、この特別な、大切な1年のこともきっといつか忘れてしまうのだろう。

この疾走感だけが自分にとって自分の生きていることの証明なのだろうか。だとしたら悲しい。だから人の人生に一瞬でも関わって、その人の中に存在させてほしいとめちゃくちゃな強さで思うのかもしれない。

「お待たせしました」

とりとめない考え事を遮って料理が運ばれてくる。できたてのいいにおいが鼻をかすめた。

また今日から何かが始まるのだ。これからもどんどん流されてどこかへ行き続けるのだろうか。ならばどこまでも流れていって見てやろう。行けるいちばん遠くまで。

あとがき

2017年秋、本屋の店先で

本書は「WEBmagazine 温度」というサイトで連載した文章がもとになっている。このサイトで連載を始めてすぐに、思いもよらぬたくさんの反響をいただいた。当初は何十人かの知り合いに面白がってもらえれば、くらいの気軽さで書き始めたものだったので、予期せぬ展開にたじろいだ。

告知ツイートのリツイート数がどんどん増えていくのを見て、うれしいという気持ちより驚きの気持ちの方が大きく、ただ混乱するばかりだった。うれしさは混乱が収まった2日後くらいにやっときちんと来てくれた。

知らない人がたくさん読んでくれて、わざわざそれぞれのタイムラインに「面白かった」「続きが気になる」と書いてリツイートしてくれるなんて。私の書いた何かがその人の心に触れるなんてことが起きるなんて。

信じられない。うれしすぎて、いつまでも布団の中で手足をバタバタしていられそうだった。

私はあのとき採用が決まった大型複合書店でしばらくは働いたが、あれから数年が経ち、そこも辞め、東京の東のはずれ、下町にある小さな本屋で店長をしていた。

大きな本屋よりも小さな本屋の方が、好きなだけお客さんと話せて、ゆっくりと時間が流れていて楽しかった。この本屋でお客さんに本をすすめることは明らかにXの延長線上にあるものだった。ただ違うのは、お金を払って買ってもらっていること。それから何よりもうれしいのが、関係が続くことだった。

「この前すすめてもらったあれ、すごい面白かった！」

と興奮気味に言いながらまた来てくれるお客さんがいたり、複数回話すことでだんだんお客さんの好みがわかってきて、頼まれてなくても、

「今度のこの新刊、○○さん好きそう。1冊注文しておこう」

「来週あたり○○さんまた来るだろうなあ。次は何をすすめよう。これなんかいいかもな」

と考えたり。

最初は赤の他人だったのにどんどん打ち解け合って、深まっていくのが何よりもや

りがいがあった。逆にお客さんから、

「花田さんこれ読んだことある？　好きだと思うよ」

とおすすめしてもらうことも増えた。

本屋で働くことにどうしてもこだわり続けたわけではなかったが、結果として、4年前よりももっと、本をすすめることを仕事として好きになった。

そんな日々の中で自分の書いた文章に予想外の反応をいただいて驚いてはいたが、基本的には平和な日々を過ごしていた。


あれはウェブでの連載も半分ほどを過ぎた頃だったろうか。

ある秋の日曜日。店のレジの中で座って仕事をしていると、同年代くらいの女性のお客様から声をかけられた。

「今日はツイッターで見て、出会い系の連載を読んで、お会いしたくて来ました。私も本をおすすめいただきたくて……」

と言う。そうか、ツイッターで広がると、こういうことが起こるんだ……、と思いながら、

「そうなんですか。それはありがとうございます。どんな本をお読みになりたいんですか？」

と聞くと、黙ってしまって、返事がない。

あれ？　ちょっと変な人？　それとも考え中？

と、顔を向けると、何のことはない、話そうとすると涙がこぼれてしまうのをこらえながら話そうとしているだけだった。私は静かに見守った。

少しして泣きながら振り絞ってくださった言葉は、

「母が、先日、亡くなってしまって……。それで、何か……本を読みたいんです」

というものだった。それだけ声にするのでやっと、という感じだった。

こういうときは涙につられて動揺しない方が安心してもらえる。それは昔、コーチングの仕事をしているユカリさんという人に実体験をともなって教えてもらった作法だった。平静を保つように心がけながら、いっしょに棚のところまでお連れした。

「おすすめしたい本はたくさんありますが……普段はどんな本を読まれますか？　本はよくお読みになる方ですか？」

「そんなに読む方ではなくて……あまり長い本や難しい本は読めないかもしれないです」

「わかりました。そうしたら、お客さまが本を読んでどういうお気持ちになりたいかということだと思うのですが……」

まず、益田ミリさんの『今日の人生』を手に取って表紙を見せた。

「つらい心を和《やわ》らげたいな、ひととき悲しみから離れて少しやさしい時間を過ごしたいな、と思っているようでしたらこちらがいいと思います。といっても、つらいことを無視して無理やり笑うような本ではないと思います。ちょうど本書の中で著者がお父さんを亡くされたエピソードなども描かれていて共感できる部分もいろいろとあると思いますし、心の揺れや弱い自分自身も肯定していこう、と思えるような前向きな気持ちになれる内容になっていると思います」

と伝える。

それから、別の棚から山崎ナオコーラさんの『美しい距離』と、ストックの引き出しから上野顕太郎さんの『さよならもいわずに』を差し出して再び話しかける。

「もう少しがっつりと、今抱えられている悲しみと向き合いたいのであれば、この本……『美しい距離』がいいと思います。まだ若い妻がガンになってしまって、それを看取る男の人が主人公の小説なんですが……。美談にして感動を押し付けるような物語ではなくて、日々のことや相手のこと、自分の心の動きに静かにまっすぐ向かい合うような本です。入院から死後の葬儀のことまでひととおり書かれているので、ご自身のことと重ね合わせて涙なさる回数が増えてしまうかもしれませんが、何かお気持ちを消化する手助けになればと思います。

もっと、とことん悲しみ抜きたいのであれば、この、『さよならもいわずに』もすごくいいと思います。漫画で、ちょっと男っぽい絵柄ですが、もし絵に抵抗がなければ……。これは、奥さんが自宅で病気のために急死してしまってからの日々を描いた作品なんですね。でも、耐えられないほどの悲しみ、日常がまるで一変してしまった、ということをこれでもかこれでもかと書き尽くしてるんです。愛する人を失うっていうのはこれほどのことか、とつらさがまるごと伝わるような本です」

その人は少し涙も止まって、話にじっくりと耳を傾けてくれていた。

「よかったら、どれも少しずつ中をご覧いただいて。合いそうなものがあればいいんですが」

頷きながら本を見始めてくださったので、その人をひとりにするためにそっとその場を離れてレジに戻った。

しばらくして、その人がレジに持ってきてくれたのは『美しい距離』と『さよならもいわずに』の2冊だった。その2冊を選んでいただいたことが、逆にその人が今どういう気持ちで本を探されてたのかを伝えてくるようで、こちらまで涙ぐみそうになってしまった。忘れたり、少しラクになりたいんじゃなくて、ひたすら悲しみに向かい合って、掘り下げたいと思っていたのだ。

本を紹介しようとすると、こうして意図せずにその人の心の深く——強い感情や大きな事件、または過去のつらい出来事によるトラウマや、ずっと抱え続けている劣等感、人生に強く影響を与えている喪失感など――に触ってしまうことがある。

そういうときはなるべく真摯に、フラットに。驚いたり過剰に反応したりすることなく、その人の心をすっと受け止めるように心がけている。


それにしても、何よりよかったのは気に入ってもらえた本があったことだ。それから、現実問題としてその本の在庫が今あったこと。

その頃、『今日の人生』は出てから時間も経っておらず、店でもよく動いていたので切らすことはなかった。だが、『美しい距離』は出てから1年以上が経つ本で、少し古くなった文芸の単行本というのはそんなには回転しないので1冊で回していた。最近1冊売れた記憶があったので、ちゃんと補充が戻ってきていたか記憶が怪しかった。『さよならもいわずに』は大好きな本で開店当初は棚に差していたが、そんなに売れるわけでもなくまわりの本との相性もあまりよくなかった。それでストックにしまったつもりでいたが、まさか返品してはいなかったか……。Xのときと違って、今この場で本がなければ意味がない。

なので、その2冊が見つかったときには内心ほっとしていた。

レジでお金を払いながらお礼を言ってくださったとき、あれ、とふと気になり、何も根拠はなかったが、
「もしかして、今日は遠くから来ていただいたのでしょうか？」
と聞いた。
「新潟から来ました」
とその人は言った。めまいがした。

こんなふうに知らない誰かの役に立てることがあるとすれば、それはやっぱり最高に幸せなことだ。

もちろんいつでも誰かの期待に応えられるとは限らないけれど。

助けたい、人の役に立ちたいという気持ちだけではなかなか具体的に人に関わることは難しいし、つらい気持ちを抱えている人に「早く元気になってください」とか「これからいいことありますよ」というのは、心から思っていてもなかなか言えない言葉だ。ましてや知らない人になんて。

でも本を介してなら、気持ちを押し付けることなくこんなふうに知らない人と気持ちを交換できたりする。本の相談という名目がなければこの人は私に自分の最も重大な話を打ち明けてくれなかっただろうし、私もこの人のお母さんの死を想って涙する

こともなかった。この人が悲しみにとことん向き合いたいという気持ちを知ることもなかっただろうし、私もその背中を押すことはできなかった。

だから本という存在が好きだ。こんなふうに人に本をすすめることができる本屋という仕事も。


しかしながら、こんな私のとても個人的で無鉄砲な冒険の思い出が、こんなふうに本になるなんて思ってもみなかったことだけど。

あれ……？

ということは、いや、まさかだけど、もしかして。いつか私のこの本も誰かから誰かにおすすめされたりする日が来るのだろうか。それって、無限ループ……じゃないけど、なんかすごいじゃん、循環してるじゃん。


でもそうなったらすごくうれしいと思う。

本書ですすめた本一覧

第1章

樋口毅宏『日本のセックス』（双葉文庫）
大宮エリー『思いを伝えるということ展のすべて』（フォイル）
茨木のり子『おんなのことば』（童話屋の詩文庫）
小林昌平・山本周嗣・水野敬也『ウケる技術』（新潮文庫）
江弘毅『ミーツへの道「街的雑誌」の時代』（本の雑誌社）

第2章

平野啓一郎『私とは何か「個人」から「分人」へ』（講談社現代新書）
本秀康『ワイルドマウンテン』（IKKI COMIX）
木下晋也『ポテン生活』（モーニングKC）
速水健朗『都市と消費とディズニーの夢　ショッピングモーライゼーションの時代』

（角川 one テーマ21）

第3章

レイモンド・マンゴー　中山容 訳『就職しないで生きるには』（晶文社）
西村佳哲『自分の仕事をつくる』（ちくま文庫）
坂口恭平『独立国家のつくりかた』（講談社現代新書）
イケダハヤト『年収150万円で僕らは自由に生きていく』（星海社新書）
古市憲寿『絶望の国の幸福な若者たち』（講談社＋α文庫）
ジョン・クラカワー　佐宗鈴夫 訳『荒野へ』（集英社文庫）
リチャード・バック　佐宗鈴夫 訳『イリュージョン　悩める救世主の不思議な体験』（集英社文庫）
ジェームズ・クラベル　青島幸男 訳『23分間の奇跡』（集英社文庫）
アルテイシア『もろだしガールズトーク　アラサー流　愛とエロスと女磨き』（ベルシステム24、その後幻冬舎文庫『アルテイシアの夜の女子会』に収録）
藤子・F・不二雄『モジャ公』（小学館）
伊藤比呂美＋枝元なほみ『なにたべた？　伊藤比呂美＋枝元なほみ往復書簡』（中公文庫）

第4章

ジャック・ケルアック　青山南 訳『オン・ザ・ロード』（河出文庫）
山田ズーニー『おとなの小論文教室。』（河出文庫）
水野敬也『「美女と野獣」の野獣になる方法』（文春文庫）
ジョージ秋山『捨てがたき人々』（幻冬舎文庫）

第5章

沢木耕太郎『深夜特急』（新潮文庫）

第6章

渋谷直角『カフェでよくかかっているJ－POPのボサノヴァカバーを歌う女の一生』（扶桑社）
せきしろ×又吉直樹『カキフライが無いなら来なかった』（幻冬舎文庫）

第7章

ラッタウット・ラープチャルーンサップ　古屋美登里 訳『観光』（ハヤカワepi文庫）

会田誠『青春と変態』（ちくま文庫）
栗田有起『お縫い子テルミー』（集英社文庫）
西加奈子『白いしるし』（新潮文庫）
武田百合子『富士日記』（中公文庫）
フランソワーズ・サガン　河野万里子訳『悲しみよこんにちは』（新潮文庫）
ジャック・ケッチャム　金子浩訳『隣の家の少女』（扶桑社ミステリー）
車谷長吉『赤目四十八瀧心中未遂』（文春文庫）
カズオ・イシグロ　土屋政雄訳『わたしを離さないで』（ハヤカワepi文庫）

あとがき

益田ミリ『今日の人生』（ミシマ社）
山崎ナオコーラ『美しい距離』（文春文庫）
上野顕太郎『さよならもいわずに』（ビームコミックス）

＊二〇二〇年一月現在の情報を基にしています。

この本を読んだ人にすすめたい本一覧

高石宏輔『声をかける』（晶文社）

街で知らない女性に修行のように声をかけ続け、コミュニケーション不全だった若者が「ナンパ師」となり、他者と関わることを切り拓いていく実話小説。低俗な感情を互いにむきだしにしたやりとりが多いので、読むのがしんどいが、己の感覚を研ぎ澄まして他者を感じ取る描写が独特で心魅かれた。著者の成長物語としても面白く、「私もこの本のように自分の体験を書いてみたい」という強いトリガーになった。

キオ・スターク／向井和美 訳『知らない人に出会う』（朝日出版社）

街中で知らない人と少しだけ言葉を交わすことの、メリットや楽しさを教えてくれる提案のような本。知らない人に会い続けてきた自分としては「そうそう！　そうなんだよ」と共感しかない本だったし、日本の世の中が、知らない人と実際に会うということについて、怖い、エロ目的、ストーカー、事件に巻き込まれるかも、というネガティブな偏見だけを打ち出しすぎているので、それに異を唱えたい気持ちが、この本を読んでむくむくと湧き上がってきた。

内沼晋太郎・綾女欣伸 編著／田中由起子 写真『本の未来を探す旅 ソウル』（朝日出版社）

ソウルの個性的な書店を紹介する本だが、その中で登場するジョン・ジヘさんという方が、予約制でお客さんの話を聞き、その人に本を選んであげるという本屋をやっているのを知った。ジヘさんの日本でのイベントに出向き、ジヘさんに自分のことを話してすぐに意気投合した。ソウルに伺ったりしてジヘさんと交流するうち、自分の体験も、人に伝えていくことで誰かの行動を後押しすることがあるかもしれない、と思うようになった。「日本でも誰かが大々的に同じことをやる前に、自分が先に書いておきたい」というよこしまな（笑）気持ちもありました。

能町みね子『ときめかない日記』（幻冬舎文庫）

交際経験もなく26歳まで処女でいる奥手な女性主人公が、「何とかしなければ」と立ち上がり、出会い系サイトや社内の男性と関わり、迷いながら恋愛やセックスに向き合っていく過程を描いた名作コミック。夫のちんぽが入らなかったりレズ風俗に行くようなわかりやすい過激さがないので目立たないのは仕方ないが、私は10万部くらい売れるべき内容だと思っている。それぞれの「弱い人たち」の心の動きが切実で胸を打つし、13話からの、同僚と言い合いになったあげく、ひとり地下鉄の駅で佇むシーンは、いつ読んでも苦しすぎて泣いてしまう。心理描写が完璧すぎるのだ。

峰なゆか『女くどき飯』（扶桑社）

打って変わって明るく楽しいコミックエッセイ。毎回公募をして選ばれた男性と峰さんが、レストランで食事をし、初対面の会話のやりとりを楽しむ。独自の観察眼や洞察が面白いのと、何より二人でお互いを探りながら話を進めていく感じが、実際のXのやりとりの雰囲気に非常に近いと感じたので、「知らない人と2人で会うって、どう会話すればいいの？」という方には併せて読んでみてほしい。

ミランダ・ジュライ／岸本佐知子 訳『あなたを選んでくれるもの』（新潮社）

これもまた「見知らぬ他人と出会うこと」がテーマのインタビュー集。ネット中心のこの時代に、いまどきフリーペーパーに「不用品売ります」の広告を出しているという不思議な人たち、ひとりひとりに会いに行き、どんな人なのかを知ろうとする取り組み。わかりやすく加工されていない他者の生の物語はいつもビビッドだったし、それに対峙することは自分を見つめ続けることでもあった、と、自分の体験を振り返っても思う。

永田カビ『さびしすぎてレズ風俗に行きましたレポ』(イースト・プレス)
自分が「実話モノ」を書くことになってから、やはり近隣の「実話系」のヒット本に何が書かれているのか気になった。永田さんは自分とは考え方も置かれている状況もまったく違うが、いざ書く側になって永田さんのモノローグを読み返すと、本当に辛い状況のなかで、自分を掘り下げ続けて醜悪な部分にもとことん向き合い、闘っているのが伝わった。闘っている人が好きです。

植本一子『かなわない』(タバブックス)
もともとファンとして一子さんの本は読み続けていたが、縁あって親しくなり、お話させていただくようになった。実話を書く上で実在する人をネガティブに書くことや自分の思いを吐露することなど、最初はためらいがあったが、一子さんに相談したときにパッと言ってくれた一言で「なるほど！　自分もそこを目指したい！」と目覚め、扉がひとつ開いた。自分を書く、ということの見本としてずっと大事にしていた一冊。

山下賢二『ガケ書房の頃』（夏葉社）

本文中で登場する「ガケ書房」（現在は移転し、「ホホホ座」という店名になっている）の山下さんの本。山下さんの、上品で柔らかい、けれど奥底がクレイジーな感じは、この本の冒頭2篇を読んでもらうだけで十分に伝わると思う。本文中で書いた初めての出会いの日から現在に至るまで親しくさせていただいているが、今も本屋としていちばん尊敬している先輩だ。私も敗者であり続けたい、かっこ悪くあり続けたいと思う。

解説

岸政彦

唐突ではございますが、著者の花田菜々子さんにはお詫びしたいことがあります。二〇一九年現在で花田さんはHMV&BOOKS HIBIYA COTTAGEという素晴らしい書店の店長さんをされている。

とても好きな本屋さんで、フェミニズム系の本をたくさん置いていて、文学やアートや映画の本も多くて、でもぜんぜんサブカルっぽくない、面白い本をちゃんと真面目に選んで置いてある。

いつ行ってもひとがいっぱいで、みんな熱心に立ち読みをしていて、本が好きなひとたちから支持されているんだなあと思う。

東京駅からも近いということもあり、私も出張に行ったときはたまに立ち寄るようにしていて、いつもどうもどうもとご挨拶をさせてもらっていて、ある日差し入れをしようと思い立って、東京駅のデパートの地下で「あ、これ美味しそう」と思って選んで持っていったものが中華ポテトというか大学芋で、あとから気づいてほんとうにほんとうに申し訳ない気持ちでいっぱいになりました。自分を叱った。

あのな俺。書店員さんが忙しく働いている、その休憩時間にこんなもの食ったら、手ぇべたべたなるやん。手ぇべたべたになったまま本とか触ったら、本べたべたになるやん。本べたべたになったまま売ったら、買ったお客さんの手ぇべたべたになるやん。

あとからメッセンジャーでめちゃめちゃお詫びしました。そしてその次行ったときはなるべく手が汚れない、仕事中にも食べやすいものを選んだつもりですが、あれでよかったかな……。たしかどら焼きだったはずだ。

あの HIBIYA COTTAGE の、とても雰囲気が良くて、どんなひとでも受け入れて、でもちゃんと真ん中に筋が通ってて真面目で、というところが本当に好きで、もしこの店がなくなったり花田さんが他に移ったりしたとしても、花田さんはいつでもどこに行っても、こういう、雰囲気が良くて、どんなひとでも受け入れて、でもちゃんと真ん中に筋が通ってて真面目な場を作っていくんだろう。

本書の面白さは、もうこれは読めばわかるとしか言えないし、そもそもどんな本かもタイトルが出オチなのでそれでわかるし、とにかくほんとうに面白いです。最初に「ホームレス」状態の話から始まって、たまたまある出会い系のサイトを見つけて、そこでいろんなことがある。でも、ただこんな面白いひとがいました、こんなキモいひともいました、っていうだけじゃなくて、出会ったひとそれぞれに生活史があり、そしてその語りをちゃんと聞いて、理解して、そしてそれをおすすめ本という形に翻訳して、本人に返す、というアイディアは、とても、とても素敵だ。

私たちはどうやって出会ったらよいのか。さみしい夜というものがある。だれかと軽く飲みにいきたいなと思う。でも、ややこしくなるのは嫌だし、深入りしたくもない。そもそも、軽く飲みながらお喋りをするだけで面白いひと、というのがめったにいない。だいたいのひとは喋ってもつまらない。だからすぐ恋愛とかセックスとかになっちゃうんだと思う。ちょっとだけなんか喋りたいのにな、という夜にぴったりの友人、という存在は、希少だ。もちろん、「その先」を求めるのは自由だし、自然なことだ。でも、なんかちょっと喋りたいだけのときに、私たちには意外に選択肢がない。

ひとの生活史を聞くことを生業にしているのだが、饒舌な語りが生まれる領域、というものがある、ということに、かなり前から気づいている。たとえば、私のゲイの友人は、わりと自分のことをオープンにしているのだが、自分の家族にだけはそのことを話せない。面白いのは、信頼できる友人にカミングアウトをしているのはもちろんだが、もうちょっと浅い付き合いの「知り合い」ぐらいのひとにもカミングアウトをしているということだ。人間というものは、仲が良ければ話をする、ということはなくて、むしろいちばん親密なひとに限っていちばん大事なことが言えない、ということがある。だから、大事なのはその中間の領域なのだろうと思う。まったく知らない、と、よく知りすぎている、の中間のところで、いつも語りというものが生まれる。だから、社会学者としてとつぜん現れても、ちゃんとしたところから紹介さえされていれば、意外に人びとはその人生のことを語ってくれるのだ。

出会いについても同じことで、それはたぶん、完全な偶然と完全な必然のあいだのどこかで生まれるのだろう。完全に偶然出会ったひと——たとえば梅田や新宿の繁華街ですれ違うたくさんの人びと——といきなり友だちになることはめったにないことだし、逆に、何もかも計算されて「条件」にぴったり合わせるような出会いというのも、すくなくとも現在では敬遠される。

さいきんは私の身の回りでもマッチングアプリで出会って結婚するひとも多くて、とても良いことだと思う。ああいうアプリも、偶然と必然のあいだのあいまいな空間を提供できるかどうかが決め手になっている。さらに、実際の使われ方としては、アプリというものはきっかけにすぎなくて、みんな実際に出会ったあとリアルな空間でイチから恋愛という儀式をスタートさせるのだ。だからやっぱりそこでも、自分たちが偶然と必然のあいだのどこにいるのか、ということが、常に問題になるだろう。

ひとは、偶然だけでは選択しない。しかし必然だけでは選択できない。というか、そもそも、完全に理想的な条件を持っている相手が現れたとしたら、そこには「選択」というものがそもそも介在しない。そして、選択というものが介在しない出会いというものは、出会いではない。少なくとも、そんなものはつまらない。

そういう意味で、出会い系で出会ったひとに本をおすすめする、というそのアイディアの素晴らしさに、私はなんども唸る。よくできている。相手のことを真剣に理解しないとできないことだし、おすすめされた方も、自分のことが理解されたんだなという実感を持つことができる。しかも、本をすすめるという行為は、ベタな友情や恋愛やセックスという接触からは、相当な距離がある。知的で、クールで、実務的で、だからはじめて会ったひとでも安心できる。そして、なんども繰り返しになるが、すくなくともこちら側には、本をおすすめするという目的がある以上、相手のことをより理解しようという真剣な動機が生まれる。

しかしやっぱり、「それでも人びとは出会っている」というところに、私はいつもいちばん心を動かされる。理屈で考えていくと、ひととひとが出会うということの構造的な難しさにばかり目がいくけど、でも身の回りを見渡してみると、やっぱりそれでも人びとは出会っているのである。

つくづく、人生というものは、社会というものは、不思議なものだなと思う。ひとはいつも、だれかと出会うし、思わず理想のコートを見つけて衝動買いしてしまうし、そして捨てられた子猫と目があって、ペット禁止のマンションに連れて帰ってきてしまうのだ。

そしてそういう、人生や社会の、ありえないほどの不思議さを、軽やかに、デリケートに、そしてたくさんのサービス精神とともに書かれたのがこの本で、だから私はこの本が好きだ。

そしてこれを読むみなさんに、私から強くおすすめするのは、本ではなくて、書店さんに差し入れするときは、手が汚れないお菓子にしておけよ、ということです。中華ポテトとか差し入れしたら、手ぇべったべたになるやん。

（社会学者・作家）

本書は二〇一八年四月、小社より単行本として刊行されました。実話をもとにしていますが、登場人物や団体などは一部フィクションです。

出会《であ》い系《けい》サイトで70人《にん》と実際《じっさい》に会《あ》ってその人《ひと》に合《あ》いそうな本《ほん》をすすめまくった1年間《ねんかん》のこと

二〇二〇年 二 月二〇日 初版発行
二〇二四年 一二月三〇日 5刷発行

著　者　花田《はなだ》菜々《なな》子《こ》
発行者　小野寺優
発行所　株式会社河出書房新社
〒一六二-八五四四
東京都新宿区東五軒町二-一三
電話〇三-三四〇四-八六一一（編集）
〇三-三四〇四-一二〇一（営業）
https://www.kawade.co.jp/

ロゴ・表紙デザイン　粟津潔
本文フォーマット　佐々木暁
本文組版　KAWADE DTP WORKS
印刷・製本　中央精版印刷株式会社

Printed in Japan ISBN978-4-309-41731-8

塩一トンの読書

須賀敦子　41319-8

「一トンの塩」をいっしょに舐めるうちにかけがえのない友人となった書物たち。本を読むことは息をすることと同じという須賀は、また当代無比の書評家だった。好きな本と作家をめぐる極上の読書日記。

時間のかかる読書

宮沢章夫　41336-5

脱線、飛躍、妄想、のろのろ、ぐずぐず――横光利一の名作短編「機械」を十一年かけて読んでみた。読書の楽しみはこんな端っこのところにある。本を愛する全ての人に捧げる伊藤整賞受賞作の名作。

10代のうちに本当に読んでほしい「この一冊」

河出書房新社編集部〔編〕　41428-7

本好き三十人が「親も先生も薦めない本かもしれないけど、これだけは若いうちに読んでおくべき」と思う一冊を紹介。感動、恋愛、教養、ユーモア……様々な視点からの読書案内アンソロジー。

絶望読書

頭木弘樹　41647-2

まだ立ち直れそうにない絶望の期間を、どうやって過ごせばいいのか？

いま悲しみの最中にいる人に、いつかの非常時へ備える人に、知っていてほしい絶望に寄り添う物語の効用と、命綱としての読書案内。

新しいおとな

石井桃子　41611-3

よい本を、もっとたくさん。幼い日のゆたかな読書体験と「かつら文庫」の実践から生まれた、子ども、読書、絵本、本づくりをめぐる随筆集。文庫化にあたり再編集し、写真、新規原稿を三篇収録。

ぼくの宝物絵本

穂村弘　41535-2

忘れていた懐かしい絵本や未知の輝きをもった絵本に出会い、買って買って買いまくるのは夢のように楽しい……戦前のレトロな絵本から最新絵本まで、名作絵本の魅力を紹介。オールカラー図版満載。

求愛瞳孔反射

穂村弘 40843-9

獣もヒトも求愛するときの瞳は、特別な光を放つ。見えますか、僕の瞳。ふたりで海に行っても、もんじゃ焼きを食べても、深く共鳴できる僕たち。歌人でエッセイの名手が贈る、甘美で危険な純愛詩集。

短歌の友人

穂村弘 41065-4

現代短歌はどこから来てどこへ行くのか？　短歌の「面白さ」を通じて世界の「面白さ」に突き当たる、酸欠世界のオデッセイ。著者初の歌論集。第十九回伊藤整文学賞受賞作。

はじめての短歌

穂村弘 41482-9

短歌とビジネス文書の言葉は何が違う？　共感してもらうためには？「生きのびる」ためではなく、「生きる」ために。いい短歌はいつも社会の網の目の外にある。読んで納得！　穂村弘のやさしい短歌入門。

異性

角田光代／穂村弘 41326-6

好きだから許せる？　好きだけど許せない⁉　男と女は互いにひかれあいながら、どうしてわかりあえないのか。カクちゃん&ほむほむが、男と女についてとことん考えた、恋愛考察エッセイ。

おとなの小論文教室。

山田ズーニー 40946-7

「おとなの小論文教室。」は、自分の頭で考え、自分の想いを、自分の言葉で表現したいという人に、「考える」機会と勇気、小さな技術を提出する、全く新しい読み物。「ほぼ日」連載時から話題のコラム集。

おとなの進路教室。

山田ズーニー 41143-9

特効薬ではありません。でも、自分の考えを引き出すのによく効きます！自分らしい進路を切り拓くにはどうしたらいいか？　「ほぼ日」人気コラム「おとなの小論文教室。」から生まれたリアルなコラム集。

焦心日記

少年アヤ　41637-3

〈おかま〉として生きてきた少年アヤが、可愛いモノや男性アイドルに夢中になりながら、自分を見つめ、やがて内なる〈王子様〉を解放するまでの三百六十五日。熱狂的人気を得たウェブ日記連載を完全収録。

恋と退屈

峯田和伸　41001-2

日本中の若者から絶大な人気を誇るロックバンド・銀杏ＢＯＹＺの峯田和伸。初の単行本。自身のブログで公開していた日記から厳選した百五十話のストーリーを収録。

十年ゴム消し

忌野清志郎　40972-6

十年や二十年なんて、ゴム消しさ！　永遠のブルース・マンが贈る詩と日記による私小説。自筆オリジナル・イラストも多数収録。忌野清志郎という生き方がよくわかる不滅の名著！

江口寿史の正直日記

江口寿史　41377-8

「江口さんには心底あきれました」（山上たつひこ）。「クズの日記だこれは」（日記本文より）。日記文学の最低作「正直日記」、実録マンガ「金沢日記」、描き下ろしの新作マンガ「金沢日記２」収録。

大不況には本を読む

橋本治　41379-2

明治維新を成功させ、一億総中流を実現させた日本近代の150年は、もはや過去となった。いま日本人はいかにして生きていくべきか。その答えを探すため、貧しても鈍する前に、本を読む。

計画と無計画のあいだ

三島邦弘　41307-5

一冊入魂、原点回帰の出版社として各界から熱い注目を集めるミシマ社。たった一人の起業から五年目の「発見」までをつづった愉快・痛快・爽快エッセイ。各界から絶賛を浴びた名著に「番外編」書き下ろし。

大きなハードルと小さなハードル

佐藤泰志　41084-5

生と精神の危機をひたむきに乗り越えようとする表題作はじめ八十年代に書き継がれた「秀雄もの」と呼ばれる私小説的連作を中心に編まれた没後の作品集。作家・佐藤泰志の核心と魅力をあざやかにしめす。

私の話

鷺沢萠　40761-6

家庭の経済崩壊、父の死、結婚の破綻、母の病……何があってもダイジョーブ。波乱の半生をユーモラスに語り涙を誘う、著者初の私小説。急逝した著者が記念作品と呼んだ最高傑作。

肌ざわり

尾辻克彦　40744-9

これは私小説？　それとも哲学？　父子家庭の日常を軽やかに描きながら、その視線はいつしか世界の裏側へ回りこむ……。赤瀬川原平が尾辻克彦の名で執筆した処女短篇集、ついに復活！

夏目漱石、読んじゃえば？

奥泉光　41606-9

『吾輩は猫である』は全部読まなくていい！　『坊っちゃん』はコミュ障主人公⁉　『それから』に仕掛けられた謎を解こう！　漱石を愛してやまない作家・奥泉光が、名作を面白く読む方法、伝授します。

先生と僕　夏目漱石を囲む人々　青春篇

香日ゆら　41649-6

夏目漱石の生涯と、正岡子規・中村是公・高浜虚子・寺田寅彦ら友人・門下・家族との交流を描く傑作四コママンガ！「青春篇」には漱石の学生時代から教師時代、ロンドン留学、作家デビューまでを収録。

先生と僕　夏目漱石を囲む人々　作家篇

香日ゆら　41657-1

漱石を慕う人々で今日も夏目家はにぎやか。木曜会誕生から修善寺の大患、内田百閒・中勘助・芥川龍之介ら若き才能の登場、そして最期の日へ——。友人門下との交遊を通して描く珠玉の四コマ漱石伝完結篇。

小川洋子の偏愛短篇箱

小川洋子〔編著〕 41155-2

この箱を開くことは、片手に顕微鏡、片手に望遠鏡を携え、短篇という名の王国を旅するのに等しい——十六作品に解説エッセイを付けて、小川洋子の偏愛する小説世界を楽しむ究極の短篇アンソロジー。

小川洋子の陶酔短篇箱

小川洋子〔編著〕 41536-9

川上弘美「河童玉」、泉鏡花「外科室」など、小川洋子が偏愛する短篇小説十六篇と作品ごとの解説エッセイ。摩訶不思議で面白い物語と小川洋子のエッセイが奏でる究極のアンソロジー。

人生はこよなく美しく

石井好子 41440-9

人生で出会った様々な人に訊く、料理のこと、お洒落のこと、生き方について。いくつになっても学び、それを自身に生かす。真に美しくあるためのエッセンス。

大丈夫！　キミならできる！

松岡修造 41461-4

「ポジティブ勘違い、バンザイ！」「『ビリ』はトップだ！」「カメ、ナイストライ！」勝負を挑むときや何かに躓いたとき…人生の岐路に立たされたときに勇気が湧いてくる、松岡修造の熱い応援メッセージ！

適当教典

高田純次 40849-1

老若男女の悩みを純次流に超テキトーに回答する日本一役に立たない（？）人生相談本！　ファンの間で“幻の名（迷）著”と誉れ高い『人生教典』の改題文庫化。

美女と野球

リリー・フランキー 40762-3

小説、イラスト、写真、マンガ、俳優と、ジャンルを超えて活躍する著者の最高傑作と名高い、コク深くて笑いに満ちた、愛と哀しみのエッセイ集。「とっても思い入れのある本です」——リリー・フランキー